フードサービスの世界を知る

白鳥和生［著］

創 成 社

はじめに

　日本のフードサービス（外食）業界は，かつてないほどの変化に直面しています。少子高齢化が進み，国内人口は減少し，さらにコロナ禍の影響で外食企業が事業継続の難しさを痛感しました。こうした厳しい状況を乗り越えるなかで，業界は次なる成長に向けた取り組みを進めています。

　近年，原材料費の高騰や人手不足が深刻化するなか，ロボットやAI（人工知能）の活用が急務とされています。また，食に対する価値観も多様化し，グルメブームに代表されるように，個々の嗜好や健康志向が消費者行動に大きな影響を与えています。節約志向も根強く，消費者は賢く「食」を選択する姿勢を持つようになっています。こうした動向に合わせて，業界は中食やデリバリーサービスなど「食の外部化」を進めています。

　和食の世界的な人気や日本企業の海外進出に伴い，フードサービス業界はグローバルな視点から成長機会を見い出そうともしています。一方で，農業をはじめとする一次産業の衰退や，食材調達の安定性も重要な課題となっています。気候変動や地政学リスクの高まりにより，今後の原材料調達の厳しさも無視できません。

　2023年の市場規模は24兆円まで回復し，フードサービス産業は依然として重要な経済セクターです。ただ，デフレや激しい価格競争が続く中，企業は持続的な成長を目指し，ビジネスモデルの再構築を迫られています。また，2025年には団塊の世代が後期高齢者となり，生活者は食の価値観を再定義するようになります。

　本書では，こうした現代のフードサービス業界の状況を踏まえ，現状

の理解から未来の展望までを多角的に分析し，フードサービスの世界における必要な知識と視点を得られるようサポートします。

2025 年 3 月

白鳥和生

目　次

はじめに

第1章　外食市場の現状 ── 1
1. 外食とは ……………………………………………… 2
2. 外食市場規模と成長の推移 ………………………… 4
3. コロナ禍を経て変化した消費者行動 ……………… 8
4. 2023年度の外食売上ランキング …………………… 8
5. インバウンドの恩恵を受ける外食 ………………… 12
6. 成長が期待される企業の特徴 ……………………… 13
7. 内食・中食・外食の役割と市場動向 ……………… 14
8. バリューチェーンと外食産業の付加価値 ………… 16
9. サプライチェーンと外食産業の関係 ……………… 19
10. 食の安全・安心の重要性 …………………………… 22

　コラム　外食業界のDX：すかいらーくの戦略と展望　26

第2章　外食企業の運営 ── 29
1. 外食業界における個店経営と企業経営（チェーン経営） …… 30
2. 外食・飲食業界の収益構造 ………………………… 31
3. FLコスト …………………………………………… 33
4. 経営戦略と収益構造 ………………………………… 35
5. QSC（Quality, Service, Cleanliness） …………… 36
6. 接客サービス ………………………………………… 37
7. メニュー構成と開発 ………………………………… 38
8. 店舗レイアウト ……………………………………… 40
9. 業態の選定と特徴 …………………………………… 42
10. 調理と厨房管理 ……………………………………… 45
11. 販売促進とデジタル戦略 …………………………… 48

12．外食業界の企業組織と業務内容 …………………………………… 52
13．出店方式の違い ……………………………………………………… 53
　　コラム　日本マクドナルドのDXを中心にした経営戦略　58

第3章　外食の主な業態 ─────────── 61

1．ファストフード ……………………………………………………… 62
2．ラーメン ……………………………………………………………… 64
3．ファミリーレストラン ……………………………………………… 65
4．焼　肉 ………………………………………………………………… 67
5．喫茶・カフェ ………………………………………………………… 69
6．居酒屋 ………………………………………………………………… 70
7．寿司業態 ……………………………………………………………… 72
　　コラム　スターバックスの日本戦略　76

第4章　食のトレンドと外食産業の変化 ─────── 79

1．食トレンドの変遷とその影響 ……………………………………… 80
2．トレンドと事業戦略の調和 ………………………………………… 81
3．フード・ダイバーシティと新しいニーズ ………………………… 81
4．消費の変化：モノ消費からコト消費・トキ消費・イミ消費へ
　　……………………………………………………………………… 82
5．パンデミック後の消費傾向とサステナビリティ意識 …………… 83
6．節約志向の影響とお値打ちメニューの展開 ……………………… 84
7．トレンド予測と業界の持続的成長 ………………………………… 84

第5章　飲食店（カフェ）開業の流れ ───────── 87

1．カフェ開業の魅力と現状 …………………………………………… 88
2．ターゲット設定と顧客層の明確化 ………………………………… 89
3．ビジネスモデルの構築と戦略 ……………………………………… 90
4．事業計画 ……………………………………………………………… 91
5．資金調達と収益性の確保 …………………………………………… 94
6．物件選びと店舗デザイン …………………………………………… 96
7．メニュー開発と価格設定 …………………………………………… 98

8．仕入れ先の選定・決定 ………………………………………101
　　9．集客戦略と顧客維持 …………………………………………103
　10．成功事例から学ぶカフェ運営のポイント …………………106
　11．開業準備とオープン日 ………………………………………108
　12．カフェの収益モデル …………………………………………112
　　コラム　流行るカフェ×○○　117

第6章　外食の歴史 ─────────── 119
　　1．1970年は外食元年 ……………………………………………120
　　2．1970年以前と以降の変化 ……………………………………120
　　3．外食の勃興期：チェーン展開の拡大 ………………………122
　　4．成長期：1980年代の外食市場拡大 …………………………122
　　5．バブル経済期：外食業界の高級志向 ………………………123
　　6．バブル崩壊と「失われた20年」……………………………123
　　7．資本や貿易の自由化と外食の国際化 ………………………124
　　8．2020年代の外食とデジタル化の進展 ………………………125
　　9．コロナによる外食市場への影響 ……………………………125
　10．新しい外食スタイルの出現 …………………………………126
　11．デジタル化の進展と顧客体験の向上 ………………………126
　12．サステナビリティへの取り組み ……………………………127
　13．コンビニエンスストアとショッピングセンターの競争環境
　　　………………………………………………………………………127
　14．外食企業の栄枯盛衰 …………………………………………128

第7章　外食業界の課題 ─────────── 131
　　1．人口減少と外食市場 …………………………………………132
　　2．所得格差の拡大と中間層の減少 ……………………………133
　　3．地方での需要低下と店舗運営 ………………………………135
　　4．労働力不足と業務の効率化 …………………………………136
　　5．外国人労働者の活用 …………………………………………137
　　6．低収益性からの脱却とデジタルトランスフォーメーション（DX）
　　　………………………………………………………………………140

7. 原材料費の高騰と供給リスク …………………………144
　　8. 業界内における競争の激化 ……………………………145
　　9. 短命なブームへの適応 …………………………………146
　　10. 労働環境の改善と人材の定着 …………………………147
　　11. 「賢い縮小」への対応……………………………………149
　　コラム　導入進む外食ロボット　152

第8章　外食のグローバル化 ─────────── 155
　　1. 和食ブームと海外における日本食の可能性 …………156
　　2. 日本の外食企業の海外進出の可能性 …………………159
　　3. 主要企業の動き …………………………………………160
　　4. 今後の課題と展望 ………………………………………163
　　5. グローバル市場における競争と戦略 …………………164

第9章　中食・惣菜市場の動向 ───────── 169
　　1. 中食・惣菜とは …………………………………………170
　　2. 惣菜市場の規模 …………………………………………171
　　3. 社会の変化と中食 ………………………………………173
　　4. 中食の主要販売チャンネル（業態）……………………174
　　5. 惣菜購入の実態 …………………………………………175
　　6. コンビニエンスストアにおける惣菜の動向 …………180
　　7. スーパーにおける惣菜の動向 …………………………181
　　8. 惣菜専門店・デパ地価における惣菜の動向 …………184
　　9. 中食・惣菜業界の展望 …………………………………184

第10章　これからの外食業界 ───────── 189
　　1. 外食業界における価値共創の重要性 …………………190
　　2. パーパス・ドリブン経営とその可能性 ………………190
　　3. ウェルビーイングと外食産業 …………………………191
　　4. デジタル変革と未来の外食 ……………………………192
　　5. 未来に向けた持続可能な戦略 …………………………192
　　6. 外食産業の未来に向けた提言 …………………………194

コラム　外食のトレンド　197

おわりに　201
索　引　203

第1章
外食市場の現状

　日本の外食（フードサービス）市場は，生活スタイルの変化や人口構造の影響を受け，大きな転換期を迎えています。新型コロナウイルスなどの影響でテイクアウトやデリバリー需要が急増し，これが新たなビジネスモデルの進化を促しました。さらに，少子高齢化や単身世帯の増加といった長期的なトレンドも市場全体に大きな影響を与えています。

　本章では，外食市場の規模，成長動向，業態別の特徴，そして消費者行動の変化についてデータを基に分析します。これを通じて，日本の外食産業が置かれた現状と，それを取り巻く社会的背景について理解を深めます。

1．外食とは

外食とは

　家庭外で調理・提供される食事全般を指します。主にレストラン，ファストフード，カフェ，居酒屋などで提供される飲食サービスが中心です。ただ，単に家庭の食事と対比されるものではありません。外食には「食を通じた体験を提供する」という重要な役割があります。現代の生活者は，外食を単なる食事の機会として捉えるだけでなく，リラックスや楽しみ，コミュニケーションの場として利用する傾向が強まっています。例えば，家族や友人，ビジネスの場での交流など，多様なニーズに応じて外食が選ばれるようになっています。

　外食業界は「飲食サービス産業」とも呼ばれます。単なる食事提供だけでなく，顧客の満足感や価値を提供することを目指す産業だからです。食品業界や農業など，他の産業とも密接に関係し，食材の供給から販売，さらにサービス提供まで幅広いサプライチェーン（供給網）によって成り立っています。各事業者は生活者の多様なニーズに応えるため，店舗形態やメニュー，サービス形態の多様化を図り，地域や国ごとの文化や習慣に対応したサービスを提供しています。

図表1-1　外食の多面的な役割

外食の役割と意義

　外食の大きな役割の一つは，家庭での食事とは異なる特別な体験を提供することにあります。日常の中でのリフレッシュ，特別なイベントの場，さらには新しい味覚や文化に触れる機会など，外食には消費者に多様な価値をもたらす側面があります。また，忙しい現代社会では，仕事や家事に追われる人々にとって，時間を節約しつつ手軽に食事ができる外食は重要な選択肢です。

　外食は地域経済の活性化にも寄与しています。特に観光業と密接な関係があり，観光客にその土地の食文化を伝える手段として，地元食材を活用したメニューやユニークなサービスが展開されています。さらに，外食業界は多くの雇用を生み出し，地域社会の経済発展にも大きく貢献しています。経済産業省によると，飲食店・飲食サービス業の従業者は約401万人（2021年）にのぼります。

外食の多様性と進化

　外食産業は，生活者のライフスタイル（生活様式）やニーズの変化に対応して多様化・進化を続けています。20世紀後半以降，ファストフードの普及により短時間で提供可能な飲食スタイルが広がりました。また，健康志向の高まりや環境意識の向上に伴い，オーガニック食材を用いた料理や地球環境に配慮した持続可能な取り組みを掲げるレストランが増えています。

　デジタルや情報通信の進展により，テクノロジーを活用した新たなサービス提供も広がっています。例えば，モバイルオーダーやセルフレジの導入，デリバリーサービスの発展により，自宅にいながらレストランの味を楽しむことも可能です。新型コロナウイルス感染拡大後の「新しい生活様式」では，従来の対面サービスに加えてテイクアウトやデリバリーの需要が増加し，業界全体で店舗サービスにこだわらない柔軟な対応が図られています。

写真1−1 すかいらーくグループの「ガスト」で導入されているデジタルメニューブック

出所：すかいらーくホールディングス公式サイト
https://corp.skylark.co.jp/about/history/

2．外食市場規模と成長の推移

　外食市場は，日本経済や消費者の行動の変化に伴い，規模と成長が常に変動しています。特に近年，新型コロナウイルス感染症の影響により市場規模は一時的に縮小しました。2023（令和5）年の外食市場は，前年比20.2％増の24兆円規模に回復しました。この回復には，感染症法上の位置付けが緩和されたことによる行動制限の緩和や，訪日外国人観光客（インバウンド）の増加が大きく寄与しています。ただ，2019年の市場規模である26.2兆円にはまだ届いておらず，依然としてコロナ禍以前の水準には達していないのが現状です。

2023年の外食市場の成長要因

　2023年における外食市場回復の主な要因は，コロナ禍の影響が収束に向かったことです。2023年5月以降は多くの飲食店や観光施設が通常営業を再開し，旅行や外出が再び活発になりました。特にインバウンド需要の急回復は，観光業とともに外食産業を押し上げました。日本政

図表1−2　外食産業の市場規模の推移

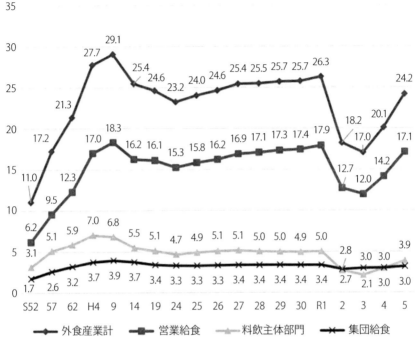

資料：（一社）日本フードサービス協会，（公財）食の安全・安心財団による推計

府の観光促進施策や免税制度の拡充が後押しとなり，円安の影響も加わって外国人観光客にとって日本の外食は「安くておいしい」と魅力的に映っています。

　外食業界では値上げも市場規模の拡大に貢献しています。原材料費や物流コストの上昇を受け，多くの飲食店でメニューを価格改定し，売上高が伸びました。ファミリーレストランやファストフードチェーンを中心とした「飲食店」セグメントでは，前年比18.6％増の14兆1,313億円を記録し，顕著な成長を示しました（図表1−5）。

　日本経済新聞社の「日経MJ」が実施している2023年度飲食業調査（2024年6月23日付）では，本体価格を1年前よりも「全般的に引き上

図表1−3 約6割が今年度も値上げすると回答（2024年度の価格設定の方針）

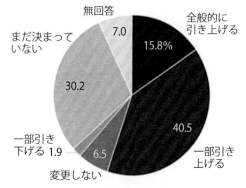

（注）「一部引き上げる」「一部引き下げる」のみ同時選択可能なため，合計が100にならない
出所：『日経MJ』2024年6月23日付

図表1−4 値上げによる客離れを防ぐ工夫を凝らす

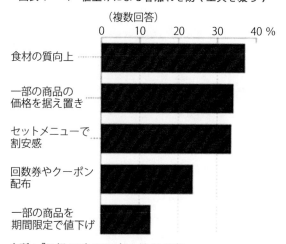

出所：『日経MJ』2024年6月23日付

げた」「一部引き上げた」との回答が合わせて94％に上りました。24年度も「全般的に引き上げる」「一部引き上げる」方針が計56.3％。

　2023年度に値上げした理由は，ほぼすべての企業が「食材価格の上昇」（97％）を挙げています。「人件費の上昇」（87.6％）や「物流費の上昇」（72.8％），「光熱費の上昇」（65.8％）などの回答も目立ちました。ただ，

止まらない値上げに消費者の節約志向は強まっており，付加価値商品の拡充や一部商品の値下げなど商品・価格戦略の重要性が増しています。

外食市場の構成と部門別成長率

　外食市場は，「給食主体部門」と「料飲主体部門」に大別されます。2023年，給食主体部門の市場規模は前年比18.3％増の20兆2,793億円となりました。営業給食（飲食店や宿泊施設など）は全体の84％を占め，特に飲食店の売上が前年と比較して大きく伸びました。

　一方，料飲主体部門（喫茶店や居酒屋など）は前年比31％増の3兆8,719億円で，宴会需要の回復が追い風となりました。特に居酒屋は37.9％増，バーや料亭なども40.3％増と高成長を記録しており，外食市場全体を支える重要な構成要素であることを示しました。

図表1-5　外食産業の市場規模（部門別）

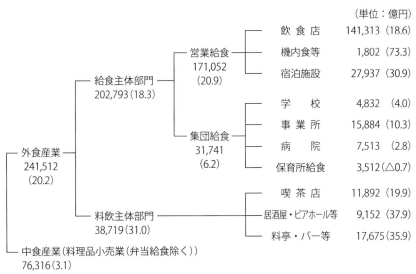

資料：（一社）日本フードサービス協会による推計（令和5年）

3．コロナ禍を経て変化した消費者行動

　新型コロナウイルスの流行によって，消費者の食事に対する考え方や行動は大きく変わりました。自宅での食事（内食）が増加したことで，「家庭外での食事」としての外食の価値が再評価されるようになりました。また，外食産業はデリバリーやテイクアウトなど，新しいサービスの提供方法を模索し，こうしたニーズに応える形で柔軟な対応を進めました。多くの消費者が外食を再び楽しむようになる中，店舗での衛生管理や感染対策の徹底も引き続き求められています。

　2024年においても外食市場は，消費者の需要や観光需要の回復が成長を牽引し，コロナ禍からの回復基調にあります。人手不足などの足かせがあり，完全な回復には至っていないものの，デジタル技術の導入や新たな業態展開，地球環境への配慮などの取り組みを通じて，外食産業は着実に成長と進化を遂げています。

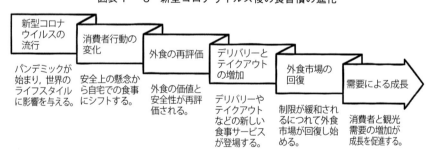

図表1－6　新型コロナウイルス後の食習慣の進化

4．2023年度の外食売上ランキング

　2023年度の日本の外食産業では，売上高の多い企業や業態にいくつかの特徴が見られました。ここでは，売上ランキングの上位に位置した

図表1−7　2023年度店舗売上高ランキング

順位	社名	主な店舗等	2023年度売上高（百万円）
1	日本マクドナルドホールディングス	マクドナルド	777,752
2	ゼンショーホールディングス	すき家，なか卯，ココス，はま寿司ほか	621,430
3	コロワイド	牛角，かっぱ寿司，ステーキ宮，大戸屋ごはん処ほか	381,568
4	日清医療食品	（集団給食）	350,000
5	すかいらーくホールディングス	ガスト，バーミヤン，しゃぶ葉，ジョナサンほか	338,796
6	FOOD&LIFE COMPANIES	スシロー，京樽ほか	338,796
7	プレナス	ほっともっと，やよい軒ほか	205,906
8	日本KFCホールディングス	ケンタッキーフライドチキン	176,048
9	くら寿司	無添くら寿司	163,861
10	トリドールホールディングス	丸亀製麺，コナズ珈琲ほか	143,315
11	ドトール・日レスホールディングス	ドトール	135,931
12	物語コーポレーション	焼肉キング，丸源ラーメン，ゆず庵ほか	132,047
13	エームサービス	（集団給食）	131,934
14	モスフードサービス	モスバーガー	130,204
15	グリーンハウス	（集団給食）	126,800
16	吉野家ホールディングス	吉野家	126,460
17	ダスキン	ミスタードーナツ	124,848
18	松屋フーズホールディングス	松屋，松のや，すし松，マイカリーほか	120,937
19	サイゼリヤ	サイゼリヤ	120,482
20	LEOC	（集団給食）	118,200
上位20社合計			4,627,185

出所：『日経MJ』2024年6月23日付：飲食業調査

企業やブランドの動向と，成長が期待される企業の特徴について取り上げます。

売上高の上位企業の概要

　2023年度の売上高上位企業には，幅広い業態を展開する大手チェーンが名を連ねています。多角的なビジネスモデルに加え，テイクアウト

やデリバリーサービスの拡充がコロナ禍以降の回復を支えました。

① ゼンショーホールディングス（すき家，はま寿司，なか卯など）

　ゼンショーは「すき家」「はま寿司」などのブランドで認知度が高く，国内外で多くの店舗を展開しています。2023年も牛丼チェーンの「すき家」が成長の牽引役を果たし，さらに海外展開やテイクアウト・デリバリー強化により売上を大幅に伸ばしました。

② 日本マクドナルドホールディングス

　日本マクドナルドは，2023年に複数回の価格改定を行いましたが，地域ごとの価格調整やメニューの多様化により，安定した成長を遂げました。モバイルオーダーやドライブスルーの利便性向上も顧客満足度を高め，顧客の定着につながっています。

③ トリドールホールディングス（丸亀製麺など）

　トリドールの「丸亀製麺」は，手軽で質の高いうどんが特徴です。店内での調理工程をガラス越しに見せるライブ感の演出や，季節限定メニューの展開がリピーター獲得につながりました。テイクアウトとデリバリーの強化も同社の成長を支えています。

④ 吉野家ホールディングス

　吉野家は，牛丼を中心に低価格メニューを提供し，多くの支持を集めています。2023年には「ミニサイズメニュー」や健康志向に応えるサラダメニューが新たに追加され，幅広い層からの支持が得られました。

⑤ すかいらーくホールディングス（ガスト，ジョナサンなど）

　すかいらーくは，ファミリーレストラン「ガスト」を中心に，幅広い年齢層に支持されています。テイクアウトやデリバリーの導入によりコ

ロナ禍の需要を取り込み，セルフオーダーシステムの導入やデジタルクーポンの活用も功を奏しました。

業態別売上高の動向

外食業態別に見ると，2023年は以下の業態が特に顕著な成長を遂げています。

・ファストフード業態

マクドナルドやモスバーガーなど，ハンバーガーチェーンをはじめとするファストフード業態は，手軽さが消費者に評価され，引き続き成長を記録しました。

・ファミリーレストラン業態

ガスト，デニーズ，ココスなどのファミリーレストラン業態は，家族連れやシニア層の支持を集めています。デジタルオーダーシステムやテイクアウト，デリバリーなどの利便性向上が売上増に貢献しています。

・居酒屋業態

居酒屋業態は，2023年に入り夜間営業の再開が増えたことで，コロナ禍以前の水準に回復しつつあります。鳥貴族や白木屋などのチェーン居酒屋が価格転嫁（値上げ）を乗り越え，回復基調を維持しています。

・寿司チェーン

スシローやくら寿司などの回転寿司チェーンは，外国人観光客の増加と国内の安定した需要を背景に成長しています。デジタルタッチパネルや高速レーンなどの技術導入により，利便性がさらに高まっています。

5．インバウンドの恩恵を受ける外食

　日本の外食業界は訪日外国人観光客（インバウンド）からの恩恵を大きく享受しています。特に2024年は，円安がもたらす価格優位性と，日本食ブームの継続が相まって，外国人観光客の消費が8兆円超と顕著に増加しました。

　日本フードサービス協会によると，2023年以降，外食売上高は増加傾向にあります。例えば，2024年（暦年）の外食売上高は前年同月比で8.4％増加しており，外国人観光客の利用がこれに大きく寄与しています。

　『日経MJ』の飲食業調査（2023年度）でも，1年前と比較してインバウンドの売上高が増加したと回答した企業は61.8％に上っています。業種別では喫茶が75％となったほか，レストラン（70.3％）でも訪日客の増加が目立っています。増加率は「5～10％未満」が24.4％と最も多く，「10～20％未満」が15.4％。平均は21.2％でした。

　このため各社は，インバウンド客を対象としたサービスや価格戦略を積極的に導入しています。例えば，ワタミはインバウンド需要を見込んで高価格帯の「和牛串焼き」などを提供しています。訪日外国人客が全来店客の9割を占めるなど，日本国内では見られない高単価での消費行動が見られます。また，「吉野家」なども外国人観光客の人気メニュー

図表1－8　2023年度のインバウンド客は増加したか（売上高）

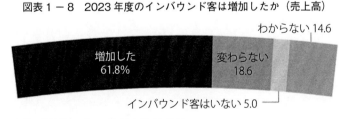

出所：『日経MJ』2024年6月23日付

を充実させ，多言語メニューを用意することで対応力を強化しています。実際，訪日客の消費額が日本人客よりも高い傾向が明らかになっています。

　こうした外国人観光客による消費の増加は，外食企業の売上向上だけでなく，店舗運営の効率化にも貢献しています。例えば，ハンバーガーチェーンやファミリーレストランでは，外国人が好む高単価メニューやプロモーションを展開し，通常よりも高い客単価が実現し，利益が底上げされています。また，和食ブームを背景に回転寿司やラーメン，焼肉などの業態も高い需要を集め，持続的な成長が期待されています。

６．成長が期待される企業の特徴

　2023年度の売上高ランキングから，今後の成長が期待される企業の共通点を次のようにまとめられます。

・海外展開の強化
　日本国内市場の縮小に備え，海外進出は企業成長の重要な柱となっています。ゼンショーホールディングスやトリドールホールディングスなどは，アジアや北米での店舗拡大に注力し，今後も海外売上の成長が見込まれます。

・テクノロジーの活用
　デジタル化や人工知能（AI）・ロボット技術の導入により，店舗運営の効率化や顧客体験の向上が図られています。例えば，セルフオーダーシステム，モバイルアプリによる予約・注文などの導入が加速しており，労働力不足の解消や顧客の利便性向上につながっています。

・健康志向とエシカル志向への対応

　植物由来の代替肉やサステナブルな食材を使用するメニューの導入，地産地消に配慮した取り組みも注目されています。消費者の健康志向やエシカル消費のニーズに応えることで，新たな市場を開拓する企業が増加しています。

　エシカル消費とは，環境保護や人権尊重といった倫理的な観点を考慮した消費行動を指します。フードサービスでは，フェアトレード食材やオーガニック食品の提供がその代表例です。

・コストパフォーマンスの向上

　食材費や人件費の高騰に伴い，価格設定とコスト削減のバランスが重要です。セットメニューや効率的な店舗運営の取り組みによって，消費者にとってのコストパフォーマンス（コスパ）を高める企業が増えています。

7．内食・中食・外食の役割と市場動向

　日本の食文化は長らく「内食（家庭内の食事）」が中心でした。高度成長期以降「外食」や「中食（家庭で調理をせず，購入した食品をそのまま食べる形）」の需要が拡大してきました。

内食の特徴と課題

　内食は家庭で調理した食事を指し，経済的で健康的な選択とされてきました。ただ，少子高齢化や共働き世帯の増加といった社会的背景により，内食の割合は減少傾向にあります。特に共働き世帯では，調理の手間や食材の管理に時間を割くことが難しく，「時短」「簡便」といったタイムパフォーマンス（タイパ）のニーズが高まっています。

図表1-9 「内食」「外食」「中食」のポジショニング

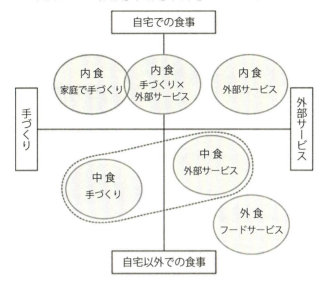

中食の台頭と成長

中食は、調理済みの食品を購入し、自宅などで消費する形態です。外食とも内食とも異なる食事スタイルで、スーパーマーケットやコンビニエンスストアで販売される惣菜や弁当などがこれに該当します。

中食の成長は、共働き世帯や単身世帯の増加によって後押しされています。特に「手軽に食事をとる」という利便性があり、メニューも充実してきているため、多様な生活者に支持されています。

外食の役割と魅力

外食は、家庭外で食事をとることを指します。食事提供のほかリフレッシュや交流の場としての役割も果たしています。家庭での内食や中食と異なり、外食ではプロのシェフによる料理やサービスが提供されるため、特別感や非日常的な体験も楽しめます。

特に以下の要素が外食の人気を支えています：

・**多様な料理と味の体験**：外食では家庭で味わえない本格的な料理や独

特の味を楽しめるため，新たな味覚体験を求める消費者に支持されています。
- **リフレッシュと交流の場**：外食は家族や友人，ビジネスの場でのコミュニケーションツールとしても重要です。共に食事をとることで，深い交流ができ，リフレッシュにもつながります。
- **消費者の利便性と時短志向**：特に都市部では，帰宅前や仕事の合間に外食で食事を済ませることで家庭での調理時間を節約でき，多忙な現代人のライフスタイルに適した選択肢として広がり続けています。

食の外部化比率の高まり

食の外部化比率とは，家庭内の調理に依存せず，外部の食品サービスを利用する割合を指します。つまり外部化には，家庭の外部で提供される外食，内食と外食の中間である中食が含まれます。このため外食や中食が日常の一部として浸透していることを意味します。少子高齢化や共働きが進む中で，家庭内での調理が難しくなり，食事の外部化が増大しています。また，外食や中食は新しい食の体験や利便性を提供することで，多様なニーズに応えつつあります。

8．バリューチェーンと外食産業の付加価値

バリューチェーンは，企業が価値を創出するための活動全体を指します。外食産業では，食事提供の各プロセスにおいて独自の価値が創出され，顧客満足度を高め，他社との差異化につなげています。

バリューチェーンの主要な構成要素

①**メニュー開発**：顧客にとって外食の大きな魅力は多様なメニューです。消費者の健康志向やニーズを考慮し，季節の食材を使ったオリジナルメニューや，栄養バランスを重視した健康志向のメニューが人気です。

第1章　外食市場の現状　|　17

図表1−10　外食率、食の外部化の推移

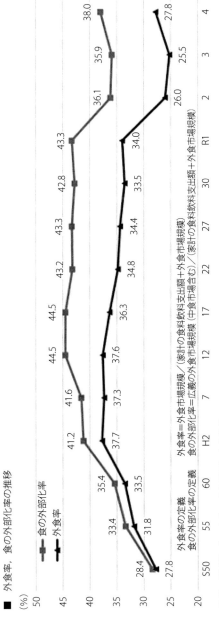

■ 外食率、食の外部化率の推移

外食率の定義　　外食率＝外食市場規模／（家計の食料飲料支出額＋外食市場規模）
食の外部化率の定義　食の外部化率＝広義の外食市場規模（中食市場含む）／（家計の食料飲料支出額＋外食市場規模）

資料：(公財) 食の安全・安心財団による推計

■ 外食

（単位：億円）

	S50	55	60	H2	7	12	17	22	27	30	31 (R1)	2	3	4	5
外食	85,773	146,343	192,768	256,760	278,666	269,925	243,903	234,887	254,078	257,342	262,687	182,122	170,284	200,970	241,512
中食	2,016	7,132	10,955	23,409	31,434	49,878	55,158	56,893	66,053	71,209	72,214	70,841	71,996	74,024	76,316

資料：(一社) 日本フードサービス協会、(公財) 食の安全・安心財団による推計
注：中食は、料理品小売業（弁当給食を除く）としての値

②**調達と調理プロセス**：新鮮で高品質な食材を厳選し，迅速に調理・提供する体制が整えられています。調理方法や食材選びのこだわりが外食の価値を引き上げます。

③**顧客サービス**：外食の接客は，顧客満足度に直結します。ファストフードでは迅速な対応が重視される一方，レストランなどではきめ細かなサービスが求められます。最近ではデジタル技術を活用し，モバイルアプリでの予約やリワードプログラムと呼ばれるサービスなども，顧客体験を向上させる施策として導入が進んでいます。リワードプログラムとは，顧客のロイヤルティ（忠誠心）を高めるために，購入や利用に応じてポイントや特典を付与する仕組みです。多くの飲食チェーンがアプリやカードを活用して実施しています。

④**ブランド価値の構築**：ブランドは，安定した品質とイメージで顧客にアピールし，競争力を高めます。全国展開するチェーンは，一貫したサービスの提供やキャンペーンにより消費者の興味を引き，リピーター獲得につなげています。

⑤**バリューチェーンを通じた付加価値の向上**：外食産業におけるバリューチェーンの強化は，企業にとって競争力を向上させるだけでなく，顧客満足（CS）を高める重要な役割を果たします。

⑥**健康志向と環境配慮のメニュー**：オーガニック食材の使用やエコ容器の採用などが消費者に支持され，ブランドイメージを高めています。

⑦**デジタル技術の活用**：店舗のデジタルオーダーシステムは顧客の利便

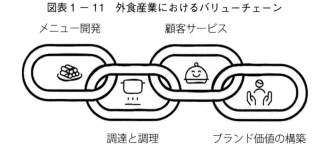

図表1－11　外食産業におけるバリューチェーン

性を高め，サービスの効率化や誤注文の防止にも貢献します。
⑧**顧客体験のパーソナライズ**：個別の注文履歴に基づいたおすすめメニューの提案や，ポイントなどのロイヤルティプログラムを活用し，顧客満足を高めます。

持続可能な外食産業のバリューチェーン構築

　環境への配慮や労働環境の改善を含む持続可能なバリューチェーンの構築が求められています。食材の無駄を最小限に抑える努力やリサイクル可能な容器の採用，養殖などの資源管理型漁業や契約に基づいた食材の安定調達なども進められています。また，従業員の待遇改善やトレーニングが，品質の向上と顧客満足につながり，リピーター確保のための重要な要素となっています。

9．サプライチェーンと外食産業の関係

　外食産業のサプライチェーンは，食材の生産から消費者に届くまでの一連のプロセスです。品質管理，供給の安定，迅速な流通が必要になります。特に消費ニーズの多様化や近年の自然災害，パンデミックによる物流の混乱などにより，サプライチェーンの管理が外食産業の運営にとって重要な課題となっています。

サプライチェーンの構成と重要性

　サプライチェーンは主に以下の段階で構成されます：
①**生産段階**：農産物や水産物，畜産物の生産段階であり，ここでの品質は外食産業全体に影響します。例えば，野菜や肉の鮮度と安全性は消費者の健康に直接影響します。
②**加工段階**：原材料を外食業で使用可能な形に加工する段階で，保存や輸送がしやすい形に整えられます。冷凍野菜や加工肉，缶詰などが，

図表1－12　外食産業におけるサプライチェーンの段階

生産段階	加工段階	流通段階	店舗段階
農産物や畜産物が生産される初期段階です。	原材料が外食業で使用可能な形に変換される段階です。	加工済み食品を小売店や外食店舗に届ける段階です。	消費者に製品が提供される最終段階で，満足度やリピートビジネスに影響を与えます。

保存性と利便性を高める要素です。

③**流通・物流段階**：加工済み食品や生鮮食材を店舗へ届ける段階です。冷凍・冷蔵技術の向上により，鮮度を保ちながら迅速に供給されることが求められます。

④**店舗段階**：消費者と接する最終段階です。店舗での提供の質が満足度やリピート率に影響します。適切な保存・衛生管理，迅速な提供が消費者に安心感を与えます。

外食産業におけるサプライチェーン管理の課題

外食産業は，新鮮で高品質な食材を安定的に供給することが重要であり，以下の課題が挙げられます。

- **気候変動と自然災害の影響**：異常気象や災害が収穫量や品質に影響し，価格が不安定化します。例えば，台風による収穫量減少や，干ばつによる農産物の供給不足が起きています。
- **食品ロスと効率化の必要性**：食品ロスとは，まだ食べられるのに廃棄される食品を指します。外食産業では，需要予測の精度向上や在庫管理システムの導入が，ロス削減の主要な対策となっています。過剰発注や品質管理の不備がロスにつながりやすく，在庫管理の徹底が不可欠です。
- **価格高騰とコスト管理**：原材料価格の高騰はサプライチェーン全体の

コストに影響を与えるため，各段階で在庫を減らすといった効率的なサプライチェーン管理（サプライチェーンマネジメント：SCM）が必要です。
- **テクノロジーの活用によるサプライチェーンの最適化**：AIやIoTの先端技術が進化し，サプライチェーンの効率向上に貢献しています。
- **人工知能（AI）による需要予測**：過去のデータをもとにした需要予測により，在庫の適切な調整が可能になり，食品ロスの削減が期待されます。
- **IoTとスマートロジスティクス**：温度管理センサーの導入により，生鮮食品の鮮度が保たれたまま迅速に配送されます。また，デジタルピッキングや自動倉庫などの倉庫内作業の自動化により，効率的な物流管理も進んでいます。
- **ブロックチェーンによるトレーサビリティの向上**：原産地や流通経路の追跡ができ，消費者は食品の品質や安全性を確認できるため，信頼性が向上します。トレーサビリティとは，食材の生産地や流通過程を追跡可能にするシステムで，消費者が安心して商品を選べる基盤を提供します。また，ブロックチェーンとは，取引データを一連のブロックとして暗号化し，分散型のネットワーク上に記録する技術です。食材のトレーサビリティに応用することで，生産地や流通過程の透明性が向上し，不正や改ざんを防止できます。例えば，消費者が商品のQRコードをスキャンすると，その商品の生産地や加工履歴を瞬時に確認できる仕組みが可能になります。

持続可能なサプライチェーンへの取り組み

最近は地元食材を利用する地産地消，賞味期限が迫った食材の寄付でのフードバンクとの連携が広がり，エコ容器の使用や共同配送などによるCO_2排出量削減などが進められています。大手チェーンではエネルギー効率の高い設備を導入し，環境配慮型店舗の展開も進んでいます。

写真1－2　サイゼリヤは主力商品のハンバーグとミラノ風ドリア製造のためにオーストラリアに自社工場を設けている

出所：サイゼリヤ公式サイト
https://www.saizeriya.co.jp/corporate/effort/factory/

10. 食の安全・安心の重要性

　外食産業において，衛生管理や食品の安全性確保は消費者の信頼を左右する重要な要素です。特に食品衛生の不備や異物混入の発生は，店舗の信頼を失う原因となり得ます。そのため，店舗全体での安全管理体制は必須です。

衛生管理の基礎：HACCPの実施

　HACCP（Hazard Analysis and Critical Control Point：危害要因分析重要管理点）は，食品の製造から提供に至る各段階でリスクを最小限に抑えるための手法です。

①**危害要因の分析**：食品の温度管理や調理器具の衛生状態など，微生物や化学物質によるリスクを分析します。

②**重要管理点の特定**：リスク発生が高い温度管理や調理工程などの管理基準を設定します。

③**モニタリングと是正措置**：定期的な監視と異常時の迅速な対応が重要

図表1-13 食の安全・安心の確保

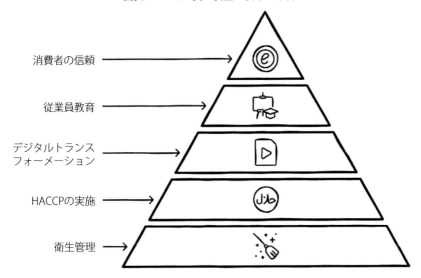

になります。

デジタルトランスフォーメーション（DX）と衛生管理の進化

　デジタルトランスフォーメーション（DX）とは，デジタル技術を活用して業務プロセスやビジネスモデルを革新し，新しい価値を生み出す取り組みを指します。フードサービス業界では，AIを活用した需要予測や，モバイルオーダーシステムによる効率化がその一例です。DXにより衛生管理が精度を増し，IoT技術を活用した温度管理センサーや異物検知システムの導入が進み，衛生管理も強化されています。

・**温度センサー**：冷蔵・冷凍庫内の温度を自動で監視し，異常があれば迅速に対応することで食品の安全性を確保します。
・**異物混入検知**：AIを活用した異物検知システムにより，異物混入を防ぐ精度を向上させています。

従業員教育の重要性

　従業員の衛生管理意識を高めるため，衛生管理の基本的な知識を教育し，過去の事例を交えながらリスクの理解を深める取り組みが不可欠です。また，最新のマニュアルや定期的なトレーニングを通じて，店舗全体での意識向上を図ることが，食品の安全性向上につながります。

【本章のまとめ】

　第 1 章では，日本の外食（フードサービス）産業の基本的な状況について詳述しました。外食市場の規模，成長動向，消費者の行動，主要業態の特徴など，外食業界を取り巻く多様な要素を網羅しました。

　まず，外食市場の規模について全体の市場規模や各業態の売上動向を示し，特に飲食業界の経済的・文化的な重要性を強調しました。外食市場は人口動態や生活スタイルの変化に影響を受けており，高齢化や共働き化がその構造を大きく変えています。

　次に，消費者行動の変化にも言及し，特に「時短」や「簡便性」を求めるニーズの高まりを示しました。コロナ禍以降の新しい生活様式が外食業態にも影響を与え，デリバリーやテイクアウトサービスの需要が急増しました。この変化に伴い，外食企業は新たなビジネスモデルを模索し，店舗だけに依存しない柔軟な運営が求められています。

　さらに，主要業態の分析を行い，ファミリーレストラン，カフェ，居酒屋，ファストフードなどそれぞれの強みや特徴を整理しました。健康志向の高まりやエコ意識の浸透がメニューやサービスの選択に影響を与えている点にも注目しました。

　最後に，外食市場が直面する課題として，人手不足や価格競争，顧客の嗜好の多様化などを挙げ，これらの課題に対する解決策についても触れました。全体を通じて，第 1 章は外食市場の現状を把握するための重要な基礎知識を提供し，読者が外食業界のダイナミクスを理解するための指針としました。

ホームワーク

1. 自分が住む地域の外食市場（業態別の売上や店舗数など）について調べ，400〜500字にまとめる。
   - 地域の外食市場について調査し，主要な業態ごとの売上や店舗数をまとめます。
   - 調査結果を400〜500字でレポートにまとめます。

2. 最新の外食市場に関するニュースを一つ選び，その内容と市場への影響を分析する。
   - 最新の外食市場に関するニュース記事を一つ選び，その内容を要約します。
   - 記事の内容が外食市場にどのような影響を与えるかを分析し，レポートにまとめます。

3. 世界の外食市場と日本市場を比較し，明確な違いをリストアップする。
   - 世界の外食市場（例：アメリカ，ヨーロッパ，アジアなど）と日本市場を比較します。
   - それぞれの市場の特徴や違いをリストアップし，レポートにまとめます。

外食業界のDX:すかいらーくの戦略と展望

　外食業界では,デジタルトランスフォーメーション(DX)が収益性の向上やコスト削減,サービス改善の重要な要素となっています。すかいらーくホールディングス(HD)は2024年,再上場から10年の節目を迎え,積極的なDX投資を通じて新しい成長路線を描いています。

DXの背景と目的

　すかいらーくHDがDXを推進する背景には,長年の外食市場におけるデフレ圧力やコロナ禍の影響により,効率化と競争力の強化が急務とされてきた事情があります。DXは,配膳や会計などの自動化を通じて,人手不足や人件費高騰といった問題を解決し,同時にサービスの質も維持するための戦略として,重要視されています。

配膳ロボットとセルフレジの導入

　2021年から「ガスト」や「バーミヤン」などで猫型ロボットの配膳を進め,2024年時点で全店舗の約70％にあたる2,100店舗で配膳ロボットが活躍しています。これにより,ピーク時の回転率向上や従業員の負担軽減が図られ,業務効率化が実現しました。また,セルフレジの導入も進んでおり,1回の会計時間が80秒から9秒へと大幅に短縮されました。これらのDXは,サービススピード向上と人件費比率の削減に貢献しています。

人材評価制度の見直し

　DXを進めると同時に,同社では人材評価の基準を「店舗中心経営」にシフトしています。従業員の成果を店舗の売上や利益によって評価する制度を導入し,業務へのモチベーション向上を図る仕組みです。従来の経費削減評価からの脱却を図り,DXによって浮いたリソースを接客サービス向上やメニュー開発など,顧客満足度を高める活動に活かしています。

データ活用による需要予測とメニュー最適化

　DXにおいて重要な役割を担っているのが，消費者データの活用です。来店客データや売上データを分析し，商圏や立地に応じた出店計画や業態変更を行っています。例えば，低価格で幅広いメニューを提供する「資さんうどん」を買収し，既存の郊外型ガストを「資さん」に転換する計画を進めています。さらに，日中の低客数時間帯には割引キャンペーンを実施し，来客数の増加に繋げるなど，データドリブンなマーケティングがDXの柱となっています。

新しい店舗モデルとサービス向上

　2024年から国内で300店，海外で100店の出店計画を発表し，出店戦略とDXの連携を進めています。セルフサービスや配膳ロボットを前提とした新しい業態の開発も進められており，東京都小平市にオープンした「イタリアンリゾート ペルティカ」は，体験型の料理が楽しめる新業態として注目されています。新しい業態は，顧客の関心を引き，客単価向上や新規顧客層の取り込みに貢献しています。

DXがもたらす今後の展望

　外食業界全体でDX化が進むにつれ，業界の効率化と競争力がさらに向上する見込みです。外食業界全体の課題である人手不足やコスト増への対応は，DXの進展によって軽減され，持続可能な成長が期待されています。また，海外展開も進めているすかいらーくHDは，特に若年人口が多いアジア市場での出店を加速しており，国内外でのDX推進により競争力を高める考えです。

(参考文献)

『日経MJ』2024年10月9日「すかいらーく―飛ぶと決めた―再上場10年で攻めの経営へ」

第2章
外食企業の運営

　外食（フードサービス）産業が安定的に成長を続けるためには，効率的な運営と顧客満足（CS）の向上が不可欠です。その基盤となるのが「FLコスト」（原材料費と人件費の合計）の適切な管理と，マーケティング戦略の精緻化です。また，近年ではデジタルトランスフォーメーション（DX）の進展が，運営効率化に大きく寄与しています。

　本章では，外食運営の重要な要素を解説し，業態ごとに異なる収益構造やサービス提供プロセスを掘り下げます。具体的な事例も交えながら，外食産業の運営における成功のカギを探ります。

1．外食業界における個店経営と企業経営（チェーン経営）

日本の外食業界には，個人経営による「個店経営」と，企業が大規模に展開する「企業経営（チェーン経営）」が存在し，それぞれ異なる経営スタイルと強みを持ちます。多様な消費者ニーズに応えるため，この両者の共存が外食産業の多様性を支えています。

個店経営

個店経営は，独立したオーナーや小規模なチームが一つの店舗を運営する形態です。オーナーが直接調理や接客を行い，地域に根ざした個性的なサービスが提供されることが特徴です。例えば，地元食材を活かした料理やオーナー独自のレシピが魅力となり，リピーターを生む要因にもなります。また，メニューや店舗デザインにオーナーの個性が反映されやすく，顧客との距離が近い温かいサービスが強みです。ただ，経営

図表2－1　個店経営と企業経営の違い

項目	個店経営	企業経営（チェーン経営）
経営規模	単一店舗	全国またはグローバルに展開する複数店舗
初期投資	小規模な場合が多い	大規模な投資が必要
メニューの自由度	高い（オーナーの個性が反映される）	一定の基準で統一される
コスト管理	仕入れ規模が小さいため高コストの傾向	大量仕入れによるコスト削減が可能
顧客との距離	近い（地域密着型でリピーターが多い）	各店舗で均一のサービスを提供
サービスの柔軟性	高い（柔軟なサービスが可能）	標準化が進んでいるため柔軟性に欠けることも
市場対応力	弱い（外部環境の変化に弱い）	強い（データに基づく迅速な対応が可能）

に必要なリソース（資源）やスキルが限られているため，資金調達や人材確保に困難が生じやすく，人手不足や物価高の影響を受けやすい傾向にあります。

企業経営（チェーン経営）
　一方，チェーン経営は，大手企業やフランチャイズシステムに基づき，多数の店舗を統括管理する形式です。マクドナルドや吉野家のような全国チェーンが代表例であり，標準化された品質とサービスを提供し，ブランド力を強みとしています。
　チェーン経営では大量仕入れによるコスト削減が可能で，物流や仕入れを一括で管理することで経済的メリットを享受できます。また，広告やマーケティング活動においても，広範な展開が可能であり，季節限定メニューや全国規模のキャンペーンが消費者への訴求力を高める一因となっています。
　反面，地域ごとに異なる顧客ニーズへの柔軟な対応が難しく，画一化されたサービスが消費者に受け入れられない場合もあります。

2．外食・飲食業界の収益構造

　外食企業の収益は，主に「顧客単価」「客数」「回転率」に左右されます。他のサービス業と比較して利益率が低く，労働集約的な業界であるため，人件費や食材費が収益に与える影響が大きいことが特徴です。本業の儲けを示す売上高営業利益率は約8〜9％程度，目標としては10〜15％と言われているため，売上に対するコスト管理が収益性向上の鍵になります。

コスト要因
　収益性に影響する主要なコスト要因には，原材料費の上昇，人件費の

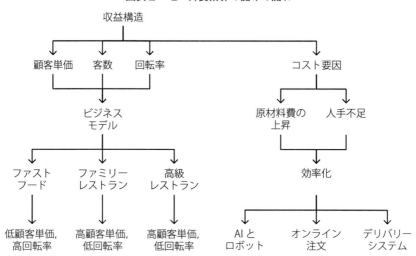

図表2-2 外食業界の儲けの流れ

増加,店舗の立地条件,ブランド力,価格設定,マーケティング戦略が挙げられます。特に近年では,食材費の高騰と人手不足が大きな課題となっています。これに伴い,コストを抑えるための効率化が求められており,AIやロボットの導入,オンライン注文やデリバリーシステムの導入が進んでいます。

顧客単価と回転率

収益の柱である顧客単価は,客層や業態によって異なります。例えば,ファストフード業態は低単価で回転率を重視し,一方でファミリーレストランや高級レストランは顧客単価が高く,回転率は低めです。また,立地も重要な要因で,繁華街や駅前など,集客力の高い場所に出店することで,客数や回転率が向上します。

テクノロジー活用と効率化

AIやロボットの導入による業務の効率化や省力化は,人材不足の緩和に寄与しています。例えば,セルフレジや自動調理システムの導入に

より，サービス提供のスピードや一貫性を高めることが期待されます。効率化は，低収益率に悩む外食業界にとって欠かせない要素であり，再投資や人材確保のための原資をねん出することにつながります。このため，今後もさらに進展していくと考えられます。

3．FL コスト

FL コストと収益構造

　FL コストとは，外食産業における収益構造の管理に欠かせない「Food and Labor Cost（原材料費と人件費）」のことで，売上に対する原材料費と人件費の割合を指します。一般的に FL コストは売上の約 60％が目安とされ，収益性を確保するためには，原材料費（フードコスト）を約 30％，人件費（レイバーコスト）を約 30％に抑えることが理想とされています。この基準に基づき，各店舗は収益性向上を図る戦略を立て，経営の効率化を目指します。

図表 2－3　飲食業界における理想的な FL コスト分配

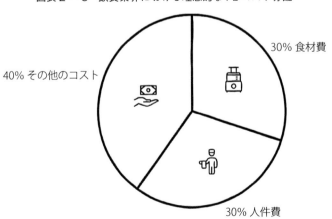

Food Cost（食材費）

　食材費は，メニュー価格と収益に直接影響を与えるため，適切な原価率の管理が重要です。例えば，仕入れ価格が変動した場合，季節ごとの価格調整や，提供メニューの見直しが行われます。また，フードロスの削減は食材費管理においても重要な要素であり，AI を活用した注文予測システムや在庫管理を導入し，無駄の最小化を図る企業が増加しています。さらに，食材のトレーサビリティを確保することで，安定的で品質の高い食材調達を実現し，顧客の信頼を得る取り組みも進んでいます。

Labor Cost（人件費）

　人件費は外食業界特有の大きなコスト要因であり，特にホールスタッフや調理スタッフが多く必要な業態においては経営への影響が大きいものです。人件費を適切に管理するために，効率的なシフト管理やパートタイムスタッフの効果的な配置が求められます。また，セルフレジや配膳ロボットを導入することで，少人数でも運営できる体制を整え，コスト削減を図る店舗が増加しています。これにより，人手不足への対応も可能となり，業務の効率化とコストの抑制が期待されています。

FL コスト管理の工夫

　FL コスト管理を最適化するためには，売上データ，来店客数，人気メニューといった情報を継続的に収集し，戦略的に活用することが欠かせません。例えば，曜日や時間帯に応じたスタッフ配置の調整で無駄な人件費を削減したり，メニュー開発時に原価を抑えつつ顧客満足を高めたりする工夫を凝らします。このようなデータの活用により，収益性を高めるための基盤を築き，経営の意思決定がより効果的に行えるようになります。

4．経営戦略と収益構造

業態別の収益構造と経営戦略

　外食業界においては，各業態に応じた収益構造とそれに適した経営戦略が必要です。例えば，ファストフード業態では高回転率が収益の鍵となっており，限られた座席数が1日でどれだけ利用されたかという回転率が重視されます。ファストフード店舗の平均客席回転率は高く，短時間での来店・退店が促進される工夫がなされています。一方，ファミリーレストランや高級レストランでは回転率が低くなる代わりに，単価の高いメニューによって収益が確保されます。ファミリーレストランの平均単価は800～1,200円，レストランでは3,000円以上とされ，顧客単価の高さを武器に利益を上げる戦略が取られています。

低収益性と人手不足への対応

　日本の外食業界の平均売上高営業利益率は8～9％程度で，特に人件費負担が高くなっています。人手不足が深刻化する中で，効率化と生産性向上が求められ，AIやロボットの導入が進んでいます。あるレストランチェーンでは，配膳ロボットの導入により人件費を年率で10％削減し，AI発注システムで需要予測を行うことで食材ロスを抑え，収益改善に寄与しています。

　また，コロナ禍以降，デリバリーやテイクアウトの需要が急増しており，売上の25～30％を占める業態も増加しています。これに対応して，デリバリー専用の「ゴーストキッチン」を設置し，低コストでのサービス提供を可能にする動きが広がっています。これにより，デリバリー需要を効率的に取り込み，収益性の向上が期待されています。

5．QSC（Quality, Service, Cleanliness）

QSCの重要性

　QSCは，外食業界における「品質（Quality）」「サービス（Service）」「清潔さ（Cleanliness）」を指し，これら3つの要素を高い水準で維持することが顧客満足とリピーター獲得の基盤となります。具体的には以下のような内容です。

・Quality（品質）

　料理の品質は，顧客の評価に大きな影響を与えるため，食材の選定や調理手順，提供時の温度，盛り付けに至るまで細やかな配慮が必要です。多くの外食企業ではマニュアルを整備しつつ，現場スタッフが裁量を持って工夫を凝らすことで，顧客の期待を超える体験を提供しようとしています。

　また，近年は食材のトレーサビリティを強化し，顧客に対して食材の産地や生産者情報を公開することで，信頼性と品質の向上に努める企業も増えています。

・Service（サービス）

　サービスは顧客が直接体験する部分であり，応対の丁寧さやスピードが顧客満足に直結します。接客スタッフは，教育やシフト管理を通じて，迅速かつ温かみのある対応ができるように訓練されています。顧客から好印象を持たれることで口コミやSNSでの評価が向上し，集客力にも好影響を与えます。SNSの普及で，サービスの質が多くの潜在顧客に届きやすくなっているため，優れた接客を提供する重要性がさらに増しています。

・Cleanliness（清潔さ）

　清潔さは，顧客の安全と信頼を支える基本であり，店舗内外の清掃や衛生管理，スタッフの身だしなみに至るまで徹底されています。特に，コロナ禍以降は消毒や非接触対策が強化され，顧客に安心して利用してもらうための環境づくりが重要視されています。こうした衛生基準の向上により，顧客は安心して店舗を利用でき，リピート率や顧客満足度の向上にもつながっています。

　QSCを徹底することで，顧客に安心感と高い満足度を提供し，業界内での競争力を高めることが期待されます。

６．接客サービス

接客サービスの役割

　接客サービスは，単なる業務を超え，顧客に「また来たい」と思わせる店舗の印象や顧客体験を形成する重要な要素です。サービスの質は顧客満足度とリピート率に直結するため，スタッフ教育とホスピタリティ

図表２－４　接客サービス

ホスピタリティの向上
顧客のニーズを先読みし，温かく招待する雰囲気を作ることを強調しています。

業績への影響
サービスの質と顧客満足を通じてビジネスの成功との直接的な相関関係を強調しています。

スタッフ教育
顧客とのインタラクションを向上させるために，基本的および高度なサービススキルのトレーニングに焦点を当てています。

業務効率化
プロセスを合理化するためにテクノロジーを使用し，スタッフが顧客サービスに集中できるようにします。

の向上が強く求められます。

スタッフ教育とホスピタリティ

接客スキル向上のため,スタッフに対する教育は必須です。基本的な挨拶や顧客への応対,メニュー説明などの基礎教育に加え,顧客の要望を先読みして対応する「ホスピタリティ教育」を導入する店舗も多く,顧客満足度向上に役立っています。また,表情や態度を通じて真心を伝えるスキルも重視され,顧客に寄り添った接客ができることが求められます。

接客と業績への影響

質の高い接客は顧客満足度を高めるだけでなく,口コミやSNSでの評価にも影響します。良い評価は新規顧客の誘引につながり,逆に悪い評価は集客に悪影響を与えかねません。顧客の要望に迅速に対応し,柔軟なサービスを提供することで単価の向上やリピート率(再来店率)が向上し,業績改善にも貢献します。

業務改善と効率化

接客の質向上と共に,業務効率化も重要です。近年では,注文や会計にタブレット端末やセルフオーダーシステムを導入することで,スタッフが接客に集中できる環境が整備されています。特にキャッシュレスなど非接触型サービスが求められる中,デジタル技術を活用した効率化が進展しており,業務の合理化と顧客満足の両立が可能になっています。

7. メニュー構成と開発

メニュー構成の重要性

飲食店におけるメニューの構成と開発は,顧客満足度を向上させ,売

上に直接影響を与える要素です。メニューは店舗のターゲット層や業態に応じて設計され，トレンドや季節に応じた見直しが求められます。

メニュー構成の基本とターゲット層への適応

　メニューは単なる料理のリストではなく，店舗の「顔」としての役割を持ち，内容や価格設定，写真の配置が顧客の購買意欲に影響します。例えば，ファミリーレストランでは，家族連れに向けた豊富な選択肢とリーズナブルな価格帯が重視され，ビジネス街の店舗では時短メニューやテイクアウトメニューが求められることが多いです。住宅街の店舗では，家族向けシェアメニューやキッズメニューの導入も重要です。

料理カテゴリーごとのバランスと地域対応

　メニューには前菜，メイン，デザートなどのバランスが重要で，幅広いニーズに対応するための複数の選択肢が求められます。特に多店舗展開するチェーンでは，地域や客層に応じてメニューを柔軟に変更する工夫もされ，顧客満足度の向上に努めています。地域性を反映したメニュー構成により，より親しみやすい店舗作りが期待されます。

トレンドと季節性の反映

　メニュー開発では，季節の食材やトレンドに応じたメニューを導入することで，顧客に新鮮さを感じさせます。これにより顧客の来店意欲が高まり，競合との差別化も図れるため，リピーターの獲得にもつながります。特に「インスタ映え」するようなメニューがSNSでシェアされ，話題性が向上することで集客効果も高まります。

　このようにメニュー構成は，ターゲット層の嗜好や地域性に合わせて柔軟に設計され，顧客の多様なニーズに対応することで競争優位性を確保する手段となります。

写真2-1　ロイヤルホストでは季節限定メニュー「Good JAPAN 冬のご馳走」に力を入れる

出所：ロイヤルホールディングスの2024年10月30日ニュースリリース

8．店舗レイアウト

レイアウトの影響と基本設計

　店舗レイアウトは，顧客の動線や購買意欲，サービス効率に大きな影響を及ぼすため，飲食店経営における重要な要素です。効率的なレイアウトは，来店客の満足度を向上させ，売上に寄与します。レイアウト設

図表2-5　店舗レイアウトのポイント

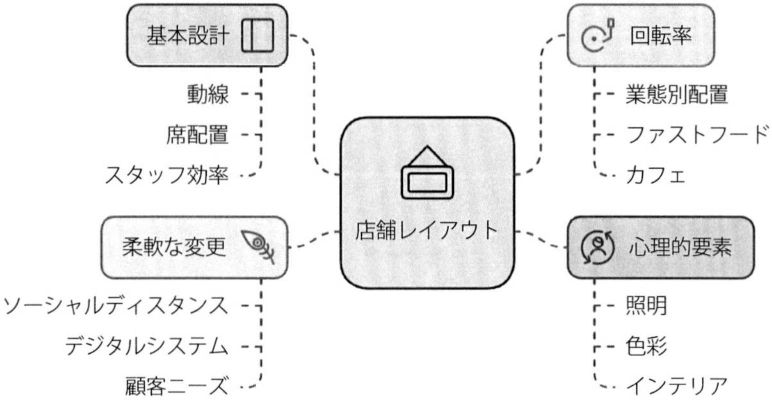

店舗レイアウト
- 基本設計
  - 動線
  - 席配置
  - スタッフ効率
- 回転率
  - 業態別配置
  - ファストフード
  - カフェ
- 柔軟な変更
  - ソーシャルディスタンス
  - デジタルシステム
  - 顧客ニーズ
- 心理的要素
  - 照明
  - 色彩
  - インテリア

計の基本として，入り口から席への動線や，スタッフが料理やドリンクを迅速に提供できる配置が重視されます。例えば，カウンター席とテーブル席を組み合わせることで，一人客とグループ客の両方に対応し，客席の利用効率を高める工夫がなされています。

回転率に基づく配置の工夫

業態に応じて，レイアウトも異なります。ファストフード店では客席回転率を高めるため，シンプルで気軽に食事ができる席配置が好まれます。一方，カフェやラウンジでは，ゆったりとしたソファ席や仕切りのあるスペースを配置し，顧客に長時間の滞在を楽しんでもらう工夫が施されています。各業態に合わせたレイアウトは，顧客に適した体験を提供し，リピーターの増加に貢献します。

心理的要素とインテリアデザイン

店舗レイアウトには，顧客の心理を考慮したインテリアデザインも反映されています。例えば，温かみのある照明や落ち着いた色彩を使用することで，リラックスできる空間を演出し，長時間の滞在を促します。ファストフード店では，明るい照明やカジュアルなインテリアを採用し，気軽に食事が楽しめる雰囲気を醸し出します。顧客が求める体験に応じて，インテリアを工夫することが競争力強化につながります。

流行や顧客ニーズに応じた柔軟なレイアウト変更

コロナ禍以降，飲食店ではソーシャルディスタンスに配慮した席配置や個室・半個室の導入が増えました。さらに，デジタル注文システムや配膳ロボットの普及に伴い，効率的にスペースを活用するためにレイアウトを変更する店舗も増加しています。

また，カフェチェーンでは，ノートパソコンを使用する顧客に対応して電源コンセント付きの席や，広めのテーブルを設けるなど，時代の変

図表２－６　サンドイッチ店のレイアウト事例

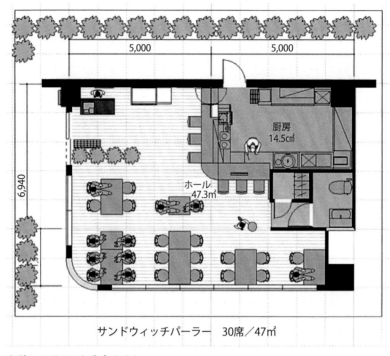

出所：メガソフト公式サイト
https://www.megasoft.co.jp/3drestaurant/sample/sandwitch.html

化や顧客ニーズに応じた対応が進められています。こうした柔軟なレイアウト変更は，リピーターの増加につながっています。

9．業態の選定と特徴

業態の選定と経営戦略

　フードサービス業界では，業態の選定が事業の成否を大きく左右します。業態とは，サービスの提供スタイルやメニュー構成，店舗のターゲット層に応じて異なる飲食店の形態を指し，ファストフード，ファミリーレストラン，ビストロ，居酒屋，カフェなど多岐にわたります。各

業態には独自の特徴があり，消費者ニーズや市場動向に適した選択をすることで競争力を強化することが可能です。

ファストフード業態

　ファストフード業態は，短時間で手軽に食事を楽しめる点が特徴で，スピードと低価格を重視する層に支持されています。メニューはシンプルかつ効率的に調理できる内容が多く，セルフサービス形式を採用する場合も一般的です。ファストフードでは，仕入れコストの最適化や品質の均一性が重視されており，最近ではボリューム感のあるメニューの投入，テイクアウトやデリバリー対応も進んでいます。こうした利便性の高さが，競争力の源泉となっています。

ファミリーレストラン業態

　ファミリーレストランは，家族連れなど幅広い年齢層に対応するため，メニューが豊富で快適な空間が特徴です。幅広い世代に向けたバラエティ豊かな料理を提供するほか，子供向けメニューや高齢者に配慮したメニューが揃っています。席の間隔が広くとられていることが多く，長時間滞在にも対応可能です。

　収益性向上には効率的な調理やサービス提供が重要であり，最近では配膳ロボットの導入も一例。居心地の良い環境づくりがリピート率向上に寄与しています。

居酒屋業態

　居酒屋はお酒と食事を楽しめる業態で，特にグループ客がターゲットとなります。季節や地域に応じたメニューの工夫や，和やかな雰囲気の提供が求められ，頻繁にメニューが更新されます。収益性を高めるには利益率が高いドリンクメニューの種類を充実させたり，注文を増やしたりする工夫が大切になります。

居酒屋業態の柔軟性と親しみやすさは，顧客にリラックスした時間を提供するポイントとなっています。

カフェ業態

カフェは，リラックスした空間で軽食やドリンクを楽しむ業態です。独自のインテリアやサービスが特徴で，商品単価は比較的低い傾向にありますが，サイドメニューや物販などの工夫により客単価を向上させています。ワーキングスペースやイベントスペースを設置する店舗もあり，ノートパソコン利用者やノマドワーカー（オフィス以外の好きな場所を移動しながら働く人）に対応した席が増えています。また，低カロリーやアレルギー対応メニューを取り入れることで，健康志向や食事制限のある顧客にもアピールしています。

業態選定のポイントと成功事例

業態選定においては，顧客ターゲットや立地が重要な要因となります。オフィス街ではビジネスパーソン向けのファストフードが求められ，住宅街では家族向けのファミリーレストランが適しています。

また，競合との差別化を図るために，複数業態を組み合わせた新しいコンセプトも増加しています。例えば，カフェとバーを兼ねた店舗や，カフェとコワーキングスペース（机や椅子などを共有した仕事場）を融合

図表2－7　どの業態を選定するか？

ファストフード
スピードと低価格を重視する層に支持される。テイクアウトやデリバリー対応も進んでいる。

ファミリーレストラン
幅広い年齢層に対応するため，メニューが豊富で快適な空間が特徴。居心地の良い環境づくりがリピート率向上に寄与。

居酒屋
グループ客がターゲット。季節や地域に応じたメニューの工夫や，和やかな雰囲気の提供が求められる。

カフェ
リラックスした空間で軽食やドリンクを楽しむ業態。健康志向や食事制限のある顧客にも対応。

させた店舗など，消費者ニーズの多様化に応じた業態の進化がみられます。このように柔軟な業態選定と戦略的な融合が，競争力を高め，顧客の支持を得る鍵となっています。

10. 調理と厨房管理

　調理と厨房（キッチン）管理は，飲食店運営における効率化と品質の維持に直結する重要な要素です。厨房は，食材の仕入れから調理，提供までのプロセスを担う場所であり，適切な管理と効率的な運営が収益性の向上に大きく寄与します。ここでは，厨房内での作業効率の改善，人材管理，そして近年進展しているテクノロジーの導入について説明します。

効率的な調理プロセスの構築
　効率的な厨房運営には，調理動線の確保と無駄の排除が求められます。例えば，料理ごとに必要な調理器具や食材の配置を最適化し，スタッフが効率的に調理できる環境を整えることで，調理時間の短縮が図れます。また，食材の下処理や半加工を行う「プレップ」を徹底し，ピークタイム（店が最も混雑する時間帯）には即座に調理に取り掛かれるように準備します。

　こうしたプロセスの標準化と作業フローの改善により，オペレーションが円滑になり，ミスやロスの軽減にもつながります。

食材管理と品質維持
　食材の在庫管理と品質の維持は，厨房管理の基礎です。特に食材のロスを最小限に抑えるため，適切な発注や在庫管理が求められ，食材の賞味期限や鮮度のチェックも徹底されます。最近では，バーコード管理や，温度・湿度を自動記録するスマート冷蔵庫が導入され，精密な在庫管理

図表2−8　効率的な厨房管理と調理プロセス

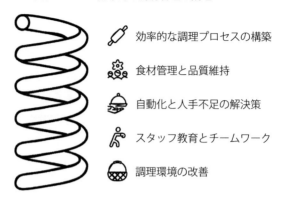

- 効率的な調理プロセスの構築
- 食材管理と品質維持
- 自動化と人手不足の解決策
- スタッフ教育とチームワーク
- 調理環境の改善

と品質管理が可能になっています。これにより，食材を適切に管理し，高品質な料理を常に提供できる体制が整います。

人手不足と自動化の進展

　近年，外食業界の人手不足が深刻化しており，多くの店舗で調理補助や下準備に自動化機器が導入されています。例えば，野菜のカットや揚げ物の調理を自動化する機器，盛り付けや皿洗いをサポートするロボットの実験導入が図られています。また，AIを活用した需要予測システムも登場し，ピーク時のスタッフの確保や食材の適切な仕入れが計画的に行えるようになりました。これにより，人件費の抑制と同時に，従業員の負担軽減が実現されています。

厨房スタッフの教育とチームワーク

　厨房内では，スタッフの調理技術や衛生意識が料理の品質に直結するため，教育とトレーニングが不可欠です。新しい調理器具の使用方法や店舗ごとの衛生基準に関する指導を定期的に行い，必要なスキルを習得させます。また，厨房での連携がスムーズに進むよう，チームワークを重視した働き方も大切です。特に，ピークタイムには効率よく役割を分

担し,リーダーシップを発揮することで,スムーズなオペレーションが可能となります。

調理環境の改善

　衛生的で快適な調理環境を整えることも重要です。厨房内の温度や湿度,換気を適切に管理し,清潔な作業環境を維持することで,スタッフの健康や働きやすさを向上させます。特に飲食店では衛生管理の基準を守ることが不可欠であり,定期的な清掃や消毒の徹底が必要です。清潔な環境で調理が行われることで,店舗全体の衛生レベルを保ち,顧客に安心感を提供できます。

　このように,効率的な厨房管理と調理プロセスの改善が,飲食店の競争力と収益性を高める要因となります。

写真2-2　厨房のレイアウトは調理のしやすさ,動線を考慮する

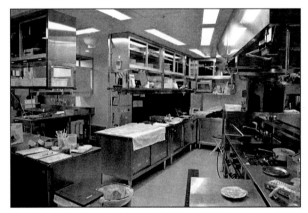

出所：マルゼン公式サイト
https://www.maruzen-kitchen.co.jp/sp/case/2021/003_ie/index.html

11．販売促進とデジタル戦略

（1）デジタルを中心にしたマーケティング

　飲食店における販売促進とマーケティング（売れる仕組みづくり）は，顧客を呼び込み，リピート率を向上させるための重要な要素です。近年ではデジタルマーケティングの重要性が増しており，SNSやウェブ広告の活用が効果的な顧客アプローチ手段として普及しています。

SNSとデジタル広告の活用

　SNSを通じてブランドイメージを発信し，幅広い層の顧客にリーチすることが可能です。InstagramやX（旧Twitter），Facebookを利用し，料理の写真や店舗の雰囲気，限定メニューの情報をシェアすることで，ターゲット層の関心を引きやすくなります。例えば，料理写真を視覚的に魅力的に見せることで，来店意欲を促進します。また，SNS上でユーザー参加型のキャンペーンを実施することで，顧客との関係性，いわゆるエンゲージメントが高まります。

　GoogleやFacebookの広告を活用し，特定のターゲットに絞ってプロモーションを行うことも有効です。デジタル広告は細かなターゲティング（対象顧客を絞り込むこと）が可能で，年齢層や地域，趣味嗜好に応じて広告を出し分けられるため，来店見込みが高い層に的確にアプローチできます。これにより，限られた広告費で効率的な集客が期待されます。

リピーターの確保とロイヤルティプログラム

　新規顧客の獲得と同様に，既存顧客のリピート率を向上させることも重要です。優良顧客を大切にするロイヤルティプログラムを導入し，来店頻度に応じた特典を提供することで，顧客にリピーターになってもらう施策が有効です。例えば，ポイントカードやスタンプカードを活用し

て来店ごとにポイントを付与し，特定のポイント数に達すると割引や無料サービスを提供する仕組みが代表的です。

メールマガジンやLINEなどのメッセージアプリを通じて，定期的にお得な情報やクーポンを送ることで，再訪のきっかけを作ることも有効です。特に，誕生日などの個別イベントに合わせた特典の提供は，顧客の満足度を高め，リピート率向上につながります。

地域イベントやコラボレーション

地域のイベントや近隣企業と連携し，地域密着型の販売促進活動も集客効果が期待できます。例えば，地元のイベントでフードブースを出店したり，地域で共通の割引キャンペーンを実施したりするなど，地域とのつながりを強化することで，新たな顧客層を開拓できます。また，他の業態とのコラボレーションを通じて，相互送客が期待できる取り組みも有効です。飲食店であれば，地元のアーティストとのイベントや，物販店と共同で行うプロモーションなど，異業種との連携が新たな集客策につながります。

クーポンの配布

クーポンや割引券の配布は，集客のための即効性がある手法です。特に，ランチタイムやディナータイムに利用できるクーポンを配布することで，顧客の来店意欲を高め，リピーターの定着も期待できます。オンラインと組み合わせたクーポン配布も可能で，SNSや店舗のウェブサイトからダウンロード可能にすることで，顧客に利用しやすい環境を提供します。

口コミとレビューの管理

口（クチ）コミは来店意欲に大きな影響を与えるため，オンラインでの評判管理も重要です。特に，Googleレビューや食べログといった口

コミサイトでの評価は，来店を決定する際の参考にされることが多いため，これらのプラットフォームでの評価を維持することが集客には欠かせません。ポジティブなレビューが投稿された場合には感謝のコメントを返信し，ネガティブなレビューに対しても真摯に対応することで，顧客の信頼を獲得できます。

最新トレンドの取り入れと差別化

　マーケティングにおいては，常に変わる食のトレンドに合わせた商品やサービスの提供も重要です。健康志向やエシカル消費，ヴィーガンメニュー（詳細はp.81）など，時代のニーズに合わせた取り組みを行うことで，競合との差異化が図れます。例えば，地元の有機食材を使ったメニューを提供することで，環境に配慮した店舗としてのイメージアップも期待できます。

　テイクアウトやデリバリーサービスの導入も，現代のニーズに即した販売促進手段です。Uber Eatsや出前館などのプラットフォームを通じてデリバリーサービスを展開することで，店内以外でも売上を増やすことが可能です。特にコロナ禍以降，外食だけでなく家庭での食事の多様化に対応する必要性が高まっており，店舗が提供するサービスの幅を広げることで，顧客の利便性が向上します。

　トレンドに合わせたプロモーションで，地域の人々に親しまれる店舗づくりを目指します。

(2) デジタル技術の活用による効率化と集客

　集客施策だけでなく，デジタル技術を導入することで，業務の効率化と顧客体験の向上を図ることができます。AIによる需要予測や非接触型の注文・決済システムの導入により，店舗の効率を高めると同時に，顧客満足度の向上も期待できます。

AIによる需要予測と発注システム

　需要予測システムは，AIを活用して顧客の来店データを分析し，混雑が予想される時間帯に合わせてスタッフ配置や食材の発注を最適化します。これにより，食材のロスを削減すると同時に，サービスの提供スピードを維持できるため，顧客満足度が向上します。

セルフオーダーシステムの導入

　セルフオーダーシステムやバーコード・二次元コードを活用したデジタルメニューは，顧客が自分のスマートフォンから簡単に注文できるため，非接触型サービスを重視する顧客のニーズに応えると同時に，スタッフの負担軽減にもつながります。また，セルフオーダーにより回転率の向上も期待でき，混雑時でもスムーズな運営につながります。

デジタル決済の強化

　バーコード・二次元コード決済やクレジットカード決済など，さまざまなデジタル決済手段に対応することで，会計がスムーズになり，顧客の利便性が高まります。特に観光客や外国人顧客にとっては，多様な決済手段が用意されていることで利用しやすくなり，顧客層の拡大に貢献します。

図表2-9　消費者ニーズと技術革新のマッピング

消費者ニーズ	対応する技術
非接触型サービス	モバイルオーダー，セルフレジ
注文の自動化	タッチパネル式の注文システム
キッチンの自動化	ロボットによる調理
デリバリー効率の向上	配達ロボット，ドローン配送
顧客体験のパーソナライズ	AIによるレコメンドシステム
食材の持続可能性	サステナブルな食材調達，代替肉開発
健康志向の高まり	栄養管理アプリ，パーソナルメニュー設計
迅速な会計処理	バーコード決済，キャッシュレスレジ

12. 外食業界の企業組織と業務内容

　外食企業は，事業の特性や規模に応じていくつかの部門に分かれ，それぞれが専門的な役割を果たし，企業全体の効率性と競争力を高めています。外食業界を志す学生にとって，こうした組織構造や業務の理解はキャリア選択に役立つでしょう。以下に主要な部門とその役割を紹介します。

営業部門
　営業部門は，店舗の運営や売上目標の達成を主な役割とする，企業の中心的な部門です。この部門には，エリア（地区）マネージャーやスーパーバイザー（複数の店舗を指導・管理する役職）などの役職があり，各店舗が円滑に運営できるようサポートを行います。主な業務内容には，店舗の品質，サービス，清潔さ（QSC）基準の維持，売上データの分析，競合調査，またスタッフの採用と育成が含まれます。

商品（メニュー）開発部門
　商品開発部門は，企業の競争力を高める新しいメニューや季節商品，限定商品の開発を担当します。トレンドを敏感に察知し，顧客のニーズに応える商品を市場に提供することで，集客の向上に寄与します。また，メニューの試作やテスト販売を行い，顧客からのフィードバックを収集して改良を重ねるプロセスが重要です。

マーケティング部門
　マーケティング部門は，企業のブランド戦略を立案し，販売促進活動や広告を通じて新規顧客を獲得する役割を果たします。デジタルマーケティングの活用が進む中，SNSでのプロモーションや口コミ管理，顧

客データの分析を通じて効果的な施策を打ち出すことが求められます。

人事部門

人事部門は，スタッフの採用，教育，評価などを担当し，企業文化の形成にも寄与します。特に外食業界では，人手不足が課題となっているため，魅力的な職場環境を提供し，スタッフが長く働き続けられるような取り組みが必要です。また，スタッフのモチベーション（やる気）を高めるための福利厚生や働き方改革にも注力する必要があります。

物流部門

物流部門は，原材料や食材の調達，配送，在庫管理を行い，効率的な物流体制を構築します。特に外食業界では，フードロスを最小限に抑えつつ，質の高い食材を確保するための物流管理が重要です。食材の保存方法や流通ルートの最適化を通じて，顧客に高品質な商品を安定して提供する役割を果たします。

IT部門

IT部門は，デジタル化の進展に伴い，システムの導入や情報セキュリティの管理を担当します。POSシステムや在庫管理ソフトの導入，デジタルマーケティングツールの活用を通じて，業務の効率化を図り，迅速なデータ分析ができる環境を整えます。また，オンライン予約やデリバリーサービスの拡充など，顧客体験を向上させるためのIT活用が求められています。

13. 出店方式の違い

外食業界における出店方式には，直営店とフランチャイズ（FC）方式があります。それぞれの方式には異なる特徴やメリット，デメリットが

図表2−10 直営店かフランチャイズか？

あり，経営戦略によって選択されます。

直営店

　直営店は企業が直接運営し，すべての意思決定を自社で行う方式です。この方式のメリットは，運営に関する自由度が高く，サービスの質やメニューの管理が容易である点です。直営店では，店舗の品質や業績を直接把握でき，迅速な改善策を実施することが可能です。また，企業文化や理念を直接反映させることができ，顧客に対して一貫したブランド体験を提供できます。

　一方，直営店には高い初期投資と運営コストが必要であり，リスクも伴います。特に新たな店舗を立ち上げる場合，立地選定や店舗運営のノウハウが必要で，失敗すると企業全体に影響を及ぼすこともあります。

フランチャイズ方式

　フランチャイズ方式は，本部企業（フランチャイザー）がライセンスを提供し，フランチャイジーがそのライセンスを持って店舗を運営する仕組みです。この方式のメリットは，初期投資が抑えられる点で，フランチャイジーは企業のブランドを利用することで，知名度のある店舗を運営できます。フランチャイズ方式では，店舗運営におけるノウハウやサポートが提供されるため，経営の経験がない場合でも開業がしやすくなります。

写真2-3　日本マクドナルドホールディングスはフランチャイズチェーン店を中心に事業展開する

出所：日本マクドナルドホールディングス「サステナビリティレポート2023」

　しかし，フランチャイズ方式にはフランチャイジーがフランチャイザーに対してロイヤルティ（経営指導料）を支払う必要があり，月々の利益が減る面もあります。また，フランチャイジーが独自のサービスやメニューを提供しにくく，フランチャイザーのガイドラインに従わなければならないため，自由度は低くなります。

【本章のまとめ】

　第2章「外食企業の運営」では，外食産業における経営の基本概念や実務的な側面を詳述しました。ここでは，外食企業が成功するために必要な運営の要素を幅広くカバーし，特に収益構造，コスト管理，顧客サービス，メニュー開発，マーケティング戦略に焦点を当てました。

　まず，収益構造では，外食企業がどのように利益を上げるかを説明し，フードコストや人件費バランスの重要性を強調しました。特に，フードコストは商品の価格設定や仕入れ戦略に直結しており，その管理が収益性に大きな影響を与えることが明らかです。

　次に，顧客サービスの重要性について触れ，良好な顧客体験がリピーターの獲得につながる理由を解説しました。サービスの質は，飲食業界において競争優位を確立するための鍵であり，スタッフの教育やトレーニングが欠かせません。

　メニュー開発では，トレンドを反映した新商品の導入や，顧客の嗜好に応じた柔軟なメニュー変更が求められます。季節ごとのキャンペーンや特別メニューを活用することで，顧客の興味を引き続けることができます。

　さらに，マーケティング戦略においては，効果的な広告やプロモーション活動が集客につながるとし，SNSやオンラインプラットフォームの活用が現代の外食企業には不可欠であるとしました。これにより，顧客とのコミュニケーションを深め，ブランドの認知度を高めることが期待されます。

　全体を通じて，第2章は外食企業が直面する運営上の課題とその解決策を提示し，業界の現状に即した実践的な知識を提供しています。これにより，経営者や従業員が持つべき視点や戦略を明確にし，持続的な成長を促進するための重要な指針となります。

── ホームワーク ──

1. 外食店舗を一つ選び，FLコスト（食材費・人件費）の視点で運営状況を推測する。
   - 自分がよく利用する外食店舗を選び，FLコストの視点から運営状況を推測します。
   - 推測結果を400字程度でまとめます。

2. 外食企業が取り組んでいるデジタル化やロボット活用の事例を調査し，その効果をまとめる。
   - 外食企業が導入しているデジタル技術やロボットの活用事例を調査します。
   - その効果やメリットをレポートにまとめます。

3. 自分がよく利用する外食チェーンの運営上の強みと改善点を挙げ，400字程度で説明する。
   - 自分がよく利用する外食チェーンの運営上の強みと改善点を考えます。
   - それぞれを400字程度で説明し，レポートにまとめます。

日本マクドナルドのDXを中心にした経営戦略

　日本マクドナルドホールディングス（HD）は，2024年度において日本国内で過去最高の業績を達成しました。これは，原材料の高騰といった外的な価格上昇要因を価格戦略に取り込みながら，デジタルトランスフォーメーション（DX）を駆使し，顧客体験と効率性を向上させた結果といえます。

価格戦略と店舗体験の融合

　日本マクドナルドHDでは，価格を上げる際に商品・店舗体験の価値も同時に高めることを重視しています。前CEOの日色保氏は，「お客様が感じるバリューは，総合的な店舗体験を価格で割ったものであり，価格だけを上げればバリューは下がる」という考えのもと，DXの力で顧客体験の"分子"部分を強化しています。

　モバイルオーダーやタッチパネル端末，ドライブスルーの迅速化，デリバリーの強化などを通じて，顧客の利便性を大幅に向上。例えば，モバイルオーダーの導入によりレジ前の混雑が解消され，気軽に来店しやすくなっただけでなく，テイクアウトやデリバリーの利用者層も増加しています。こうした施策により，2024年1月にビッグマックなどの一部商品を値上げしつつも，2024年上半期の客数は3.2％増加しました。

デジタル化と人的サービスの融合

　また，DXを通じて顧客との接点を広げつつ，人とのインタラクション（相互作用）を維持することで，顧客満足度を向上させています。例えば，タッチパネル端末の導入により店舗スタッフの業務効率化を図りながら，使い方がわからない顧客への案内係を配置して，デジタル化と接客のバランスをとっています。さらに，店内で食事を楽しむ顧客の方がテイクアウトよりも満足度が高いというデータを重視し，人的な接客の質向上にも注力しています。

DXがもたらす多様なチャネル

　顧客がいつでも利用しやすい環境を整えるため，販売チャネルの多様化も図っています。特に，デリバリーサービスの強化は新型コロナウイルスの感染拡大下で大きな成果を挙げ，現在では売上の重要な要素となっています。

　この成功は単なるタイミングの結果ではなく，DX化を通じたチャネル拡大が顧客の利便性と接触機会を増やし，新たな顧客層を取り込むことに成功した証拠です。現在，日本国内のマクドナルドは店舗のほぼ全店でモバイルオーダーを導入しており，顧客は現金，クレジットカード，電子マネーなどさまざまな決済方法で注文できます。2023年には店舗の約23％がモバイルオーダー経由の注文で占められ，特に昼時や休日にはこの割合が50％を超えることもあります。

店舗運営の効率化と新たな役職

　同社は来店客に快適な体験を提供するために新たな役職「おもてなしリーダー」を設け，店内でのサービス向上を図っています。また，従来の製造キャパシティーを2倍にするキッチン設備を導入することで，注文が集中する時間帯でも迅速な対応ができるようにしています。これに加え，デュアルポイントサービス（DPS）という新しいレイアウトを導入し，注文カウンターと受け取りカウンターを分けて，顧客の心理的ストレスを軽減する工夫も行っています。

日本特有の課題への対応

　日本マクドナルドHDは，デフレが長期間続いた日本市場において，価格変更に対する消費者の敏感な反応に細心の注意を払っています。日色氏によれば，日本では価格を上げる際にメディアで発表しなければならないため，過去の最安値と比較されることが少なくありません。こうしたデフレマインドを持つ市場で，適正価格設定とその背景にある価値提供を理解してもらうマーケティング戦略をとり，クーポンやキャンペーンメニューの投入で対応しています。

　価格の上昇によって得た利益は，従業員の賃上げや教育，さらなるサー

ビス向上のための投資に活用されるべきだという信念のもと，マクドナルドはDX化を通じて効率性を向上させ，従業員のエンゲージメントを高める取り組みを進めています。

従業員教育とダイバーシティの推進

　マクドナルド店舗のクルーは学生アルバイトが多く，離職率も高いため，従業員の教育投資に慎重になりがちです。日色氏は「教育を通じて従業員のエンゲージメントを高めることが，結果的に顧客により良いサービスを提供することにつながる」と述べています。

　また，マクドナルドは「ハンバーガー大学」を通じて人材育成に力を入れています。年間約1万3,000人が受講して，店舗のマネージャーやリーダーシップに必要なスキルを学んでいます。このような教育体制を通じて，多様な背景を持つ従業員がそれぞれの強みを活かし，職場で活躍できる環境が整っています。

（参考文献）
『日経MJ』2023年1月13日「トップに聞く：日本マクドナルドHD社長
　　―DXで使いやすい店舗に」

第3章
外食の主な業態

　外食事業を新たに立ち上げる際，成功を左右する要素は多岐にわたります。立地選定，資金調達，メニューのコンセプト作り，そしてスタッフの採用など，すべてが計画的かつ戦略的に行われる必要があります。さらに，近年では，初期投資を抑えつつ迅速に収益化を目指す方法が注目されています。

　本章では，外食店舗の開業プロセスをステップごとに詳しく解説します。競争の激しい市場環境において成功するための差別化戦略や，失敗例を通じて学べる注意点についても言及します。

1. ファストフード

概　要

　ファストフード業態は，ハンバーガー，丼物，フライドチキン，カレー，ドーナツなどの手軽な食事を低価格で提供する飲食店の形態です。2022年の市場規模は約3.5兆円に達しました（富士経済調べ）。ファストフード業界は，テイクアウトのしやすさやデリバリー需要が加わり，コロナ禍でも影響が比較的小さく，市場拡大傾向にあります。

歴史と発展

　ファストフードの概念とシステムは米国から導入され，日本では1969年に外資参入規制が緩和されて以降，1970年のドムドム（当時ダイエー傘下），ケンタッキー・フライド・チキン（KFC），1971年のマクドナルドやミスタードーナツ，1972年のロッテリアやモスバーガーなどが次々に誕生しました。現在では，ハンバーガーなどの洋風に加え，牛丼やうどんなど和風のファストフードも展開されています。特に，地域の特性を活かしたメニューや，健康志向に配慮した商品の開発が進められています。

写真3－1　マクドナルドの定番メニュー「ビッグマック」

出所：日本マクドナルド公式サイト
https://www.mcdonalds.co.jp/products/1210/

特徴と戦略

　ファストフードの特徴は，低単価・低コスト運営と高い客席回転率です。売上規模の拡大により，固定費や仕入れコストの削減，ブランド認知度の向上が見込まれます。そのため，多店舗展開とマニュアル化によるサービスの均一化を基本としています。フランチャイズチェーン方式を採用する企業が多く，収入は，直営店の売上高，フランチャイズ店からのロイヤリティ，商品卸売高の合計から成ります。

競争環境

　牛丼チェーンのように直営店主体や，「クアアイナ」のように比較的高単価の展開を行う企業もあります。低単価が基本ですが，近年は原材料費や人件費の高騰により，値上げを実施する企業も増えました。

　戦略は価格や商品コンセプトに加え，立地も重要です。一般的に駅前などの中心地では小規模，郊外のロードサイド型では広い敷地にドライブスルー併設店舗が多く見られます。立地は業態やターゲット層，地域特性によっても異なり，ファミリー層にはロードサイド，ビジネスパーソンには都心駅前などが選ばれます。

市場動向

　成熟市場の中で，コンビニエンスストアや中食業界との競争も顕著です。また，近年はデリバリー強化や高価格帯商品の展開も進んでいます。ハンバーガーのグルメ系では1,000円以上の高価格帯が登場し，品質重視の顧客ニーズに対応しています。さらに，牛丼チェーンなどでは，女性客の獲得を目指しメニューの多様化にも取り組んでいます。

主要プレイヤー

　主要プレイヤーには，日本マクドナルドホールディングス，ゼンショーホールディングス（すき家，なか卯など），吉野家ホールディング

スなどが挙げられます。また，日本ケンタッキー・フライド・チキン（KFC），松屋フーズホールディングス，モスフードサービスも中堅クラスとして存在感を示しています。業界内の競争は激しく，M&A も活発です。2023 年にはゼンショー HD がロッテリアを買収し，2024 年には三菱商事が日本 KFC を投資ファンドのカーライル・グループに売却しました。

2．ラーメン

概　要

　ラーメン業態は，中華料理店やラーメン専門店などが中華麺を提供する形態です。総務省・経済産業省の調査によると，2021 年の中華料理店（ラーメン店を含む）売上高は約 1 兆 844 億円でした。ただ，この数値には個人経営の売上は含まれておらず，実際の規模はさらに大きいと考えられます。

市場動向

　コロナ禍で業績が悪化したものの，行動制限の緩和や 2023 年のコロナ 5 類移行により，客足は回復しつつあります。ラーメン業態は，比較的低コストでの参入が可能で，個人経営店やフランチャイズチェーンが多く存在します。

企業形態と戦略

　直営型の王将フードサービス（餃子の王将）や，フランチャイズ型のグロービート・ジャパン（らあめん花月嵐）など，企業形態により運営戦略は異なります。直営ではブランド管理やサービスの質の維持が図れ，フランチャイズでは多店舗展開やロイヤリティ収入の安定性が強みとなります。

参入障壁

　運営や店舗外観への投資が少なく，市場への参入障壁（出店を妨げる障害）が低いため，倒産・撤退が多いのも特徴です。食材費高騰の影響もあり，競争は激しくなっています。また，国内市場が成熟する中で，王将フードサービスやリンガーハットなどの大手企業は海外展開も進めています。

主要企業

　主要企業には，王将フードサービス，幸楽苑ホールディングス，リンガーハット，ハイデイ日高（日高屋）などが挙げられます。最近では力の源ホールディングス（一風堂）や，ギフトホールディングス（町田商店）も株式上場し，成長が見られます。

写真3-2　アルコール需要も取り込むラーメン店の「日高屋」

出所：ハイデイ日高公式サイト
https://hidakaya.hiday.co.jp/co/chain.html

3．ファミリーレストラン

概　要

　ファミリーレストラン業態は，客単価が1,000円前後で，主にファミリー層や若年層をターゲットにしています。テーブルサービスを提供す

る中価格帯のレストランで，日常的な娯楽や気軽な食事の場として利用されます。富士経済の調査によると，2022年の市場規模は9,000億円程度で，コロナ禍から回復傾向にありますが，原材料高騰によるコスト上昇が業績に影響を及ぼしています。

歴史と変遷

　国内初のファミリーレストラン「すかいらーく」が1970年に登場し，以降，生活水準の向上や女性の社会進出により業界が拡大しました。ファミリーレストラン業態は，時代ごとの消費者ニーズに合わせて変化を重ねてきました。1990年代にはバブル崩壊によりパスタや回転寿司など専門業態が成長し，2000年代以降は低価格競争の激化や中食業態の成長により業界全体が厳しい状況に直面しています。

経営戦略

　ファミリーレストランは，ファストフードとレストランの中間に位置し，効率的な店舗運営が求められるため，多くのチェーンが作業のマニュアル化やセントラルキッチン（集中調理施設）による効率化を進めています。

　業界の主流はマルチブランド展開で，新しいブランドの開発や既存ブランドの業態転換も積極的に行われています。例えば，すかいらーくやゼンショーは多業態を展開し，特にファミリーレストラン業態では幅広いジャンルをカバーしています。サイゼリヤのように単一ブランドで展開する企業もあり，ブランド戦略は企業ごとに異なります。

メニュー戦略

　メニュー点数が多いファミリーレストランでは，商品数が多すぎると効率が下がるため，定番メニューに注力する企業もあります。セントラルキッチンによるメニュー開発と店内調理のバランスが重要で，効率化

と品質維持を両立する取り組みが見られます。

主要プレイヤー

主要プレイヤーには，すかいらーくホールディングス，サイゼリヤ，セブン&アイ・フードシステムズ（デニーズ）などがあります。また，日本レストランシステム（ドトール・日レス傘下）やWDIも中堅プレイヤーとして存在しています。

写真3-3　すかいらーくグループのファミリーレストラン「ガスト」

出所：すかいらーくホールディングス公式サイト
https://corp.skylark.co.jp/brand/Propertyinformation/tabid475.html

4．焼　肉

概　要

焼肉業態は，焼肉を主とするチェーンを運営する企業です。総務省・経済産業省「経済構造実態調査」によると，2021年の焼肉店の売上高は約7,149億円で，飲食店全体の約6％を占めます。焼肉は食材の加工度が低く，肉の品質が重視されるため，フルサービスレストランの中でも原価率が高い傾向にあります。一方で，調理工程が少ないため，人件費率が低いのも特徴です。

市場動向

　低価格チェーン店が郊外に店舗を展開し，市場が拡大しました。焼肉店のうち，件数ベースでは単独事業所が多く，売上ベースではチェーン店が7割を占めます。焼肉店は外食産業全体のトレンドから影響を受けつつも，2001年のBSE（牛海綿状脳症）問題や2011年の集団食中毒事件で需要が落ち込むなど，特定の要因で変動する傾向があります。コロナ禍では換気設備が多く，郊外立地が主流であることから，比較的堅調でした。

主要チェーン

　主要チェーンには，コロワイド傘下のレインズインターナショナル（牛角など），安楽亭，あみやき亭，物語コーポレーション（焼肉きんぐ）などがあります。中堅チェーンとしては，叙々苑，五苑マルシン（情熱ホルモン），ワン・ダイニング（ワンカルビなど）が挙げられます。チェーン展開を進める中でM&Aも進行しており，コロワイドやあみやき亭などは複数の買収を行い，焼肉チェーンのスケールメリットを活用しています。

写真3-4　食べ放題が人気の物語コーポレーションの「焼肉きんぐ」

出所：焼肉きんぐ（物語コーポレーション）公式サイト
https://www.yakiniku-king.jp/about/

5．喫茶・カフェ

概　要
　喫茶・カフェ業態は，主にコーヒーや軽食を提供する飲食業態で，セルフサービス式とフルサービス式に大別されます。日本フードサービス協会の調査によると，2021年の喫茶店市場規模は約7,800億円に達しています。2013年以降は大手チェーンが牽引し，店舗数が増加していましたが，2020年のコロナ禍で一時的に減少しました。

サービススタイル
　業界は，セルフサービスとフルサービスの提供スタイルにより，出店エリアや価格帯も異なります。セルフサービス式は，都心の駅前やオフィス街，商業施設内に多く，手軽さが求められることが多いです。フルサービス式は，郊外に構え，近隣住民がゆったりくつろげる空間を提供しています。最近では，セルフサービス式でも地域シェアを高めるため低価格と高価格に分けて出店するケースが見られます。

大手チェーンの戦略
　大手チェーンの多くは，セルフとフルサービスを使い分け，価格帯別にサービスを提供しています。例えば，スターバックスはセルフサービスで出店していますが，同一商圏内に複数店舗を設置することで効率を高めています。また，ドトールコーヒーのようなフランチャイズ展開では，初期投資や運営コストをフランチャイジーが負担するため，事業拡大が容易です。直営店とFC展開でコスト構造も異なり，直営店の主なコストは地代や人件費，FC店は変動費の製造原価がメインです。

主要プレイヤー

　主要プレイヤーには，ドトール・日レス HD（「ドトールコーヒー」「エクセルシオールカフェ」など），スターバックスコーヒージャパン，タリーズコーヒージャパン（伊藤園傘下）などが挙げられます。フルサービス式の個人経営店は減少傾向にありますが，セルフサービス式では，コメダホールディングスなどが店舗数を増やし，市場シェアを拡大しています。また，M&A も活発で，投資ファンドのロングリーチが UCC から珈琲館を買収し，2022 年にはシャノアールと珈琲館を統合，さらにポッカクリエイトを傘下に収めました。

写真 3 − 5　スターバックスは地域性に応じた店舗を展開する

＊写真は埼玉県川越市にある店舗

6．居酒屋

概　要

　居酒屋業態は，酒類と料理を主に提供する飲食業態で，一般のレストランとは異なり酒類が中心です。日本フードサービス協会の調査によると，2021 年の居酒屋・バー業界の市場規模は前年比約 32％減の 1 兆 1,699 億円に留まりました。国内飲食市場が成熟し，ファストフードやファミリーレストランなどでのアルコール提供が増えたことも成長鈍化

図表3-1 主要居酒屋の店舗ブランドと店舗数

社名	主要居酒屋ブランド	店舗数
モンテローザ	魚民，白木屋，目利きの銀次，山内農場，笑笑，千年の宴 等	1,228店舗（2023年3月末）
ワタミ	鳥メロ，ミライザカ 等	260店舗（国内外食事業，2023年11月末）
大庄	庄や，日本海庄や，大庄水産，とり家ゑび寿，やるき茶屋 等	338店舗（2023年8月末）
コロワイド	甘太郎，北海道，やきとりセンター，いろはにほへと，土間土間，かまどか 等	278店舗（居酒屋業態，2023年3月末）
チムニー	はなの舞，さかなや道場，豊丸水産，やきとり さくら，こだわりやま 等	488店舗（2023年11月末）
SFPホールディングス	磯丸水産，鳥良商店，鳥良，いち五郎 等	208店舗（2023年8月末）
オーイズミフーズ	わん，かっこ，千の庭，九州自慢 等	287店舗（居酒屋業態，2023年12月調査時点）
エー・ピーホールディングス	塚田農場，四十八漁場，じとっこ組合，芝浦食肉 等	150店舗（2023年11月末）
エターナルホスピタリティグループ	鳥貴族	1,136店舗（2023年11月末）
串カツ田中ホールディングス	串カツ田中	319店舗（2023年8月末）

の要因です。

歴史と発展

　1960年代以降，養老乃瀧，つぼ八，村さ来などがチェーン展開を進め，産業化が進みました。1990年代以降は，新興チェーンのワタミ，モンテローザ，コロワイドなどが，セントラルキッチン導入などで経営効率を上げ，台頭してきました。近年は居酒屋全体の売上の約5割がチェーン店から成り，業界の集約化が進んでいます。

経営戦略

　居酒屋は，客が長時間滞在することが多く，客席回転率が低くなりがちです。そのため，他の飲食業態より利益率が高い酒類の消費と共に客

写真3-6　ワタミの主力居酒屋業態「ミライザカ」

出所：ワタミ公式サイト
https://www.watami.co.jp/group/restaurant/

単価を上げる工夫を行っています。多くの居酒屋は駅前や繁華街に集中し，集客力を生かしています。近年は，水産物や農畜産物の直送により，食材の調達コストを低減するなど，バリューチェーンを強化する企業も増えています。

主要プレイヤー

　主要プレイヤーには，コロワイド，モンテローザ，ワタミ，大庄，チムニー，鳥貴族，SFPホールディングスなどが挙げられます。チェーン店はブランドの多様化も進めており，500店舗以上展開する大手チェーンでは10以上のブランドを持つことも一般的です。M&Aも活発で，事業の多角化を進める企業が目立っています。

7．寿司業態

概　要

　寿司業態は，寿司を主に提供する飲食業態です。日本フードサービス

協会の調査によると，2021年の寿司市場規模は約7,400億円に達しています。寿司は多様なスタイルで提供されるため，カウンター寿司や回転寿司，持ち帰り寿司など，さまざまな形態があります。

市場動向

回転寿司は特に人気が高く，家族連れや若年層の利用が多いです。テイクアウトやデリバリー需要が高まる中で，持ち帰り寿司市場も成長しています。特に，コロナ禍では外食控えが影響し，持ち帰り需要が増加しました。

主要企業

主要企業には，スシロー（あきんどスシロー），はま寿司（ゼンショーホールディングス），くら寿司，海鮮三崎港などがあります。スシローは全国に展開しており，回転寿司業態の代表的存在となっています。

写真3-7 ファミリー需要を取り込む回転ずし業態の「スシロー」

出所：FOOD & LIFE COMPANIES 公式サイト
https://www.food-and-life.co.jp/brand/#position01

【本章のまとめ】

　第3章「外食の主な業態」では，日本の外食産業における多様な業態を紹介し，それぞれの特徴や市場における役割を明らかにしました。外食業態は，ファミリーレストラン，居酒屋，カフェ，ラーメン店など多岐にわたり，消費者のニーズやライフスタイルに応じた選択肢が増えています。これにより，各業態は特有のメニューやサービススタイルを通じて，消費者に異なる体験を提供します。

　ファミリーレストランは，手頃な価格で多様なメニューを揃えることで，幅広い年齢層から支持されています。居酒屋は飲酒を伴う食事を楽しむ場として，社交の役割を果たし，友人や同僚とのコミュニケーションの場を提供しています。カフェ文化も浸透し，特に若い世代の間で人気が定着しており，リラックスや仕事の場としての機能を持っています。また，ラーメン店や焼肉店といった専門店は，特定の料理に特化することで顧客の期待に応えています。

　ここでは，各業態のビジネスモデル，顧客ターゲット，成功の要因についても考察しました。外食業界の動向を理解するためには，業態ごとの特性を把握し，成長戦略や市場ニーズへの適応が重要です。

　総じて，外食の主な業態についての知識を深めることで，経営者や業界関係者は市場での競争力を高めるための洞察を得ることができ，この章は外食産業の多様性と変化を反映した価値ある情報源となります。

--- ホームワーク ---

1. 自分が利用することが多い外食業態を一つ選び，その魅力や課題を 400 〜 500 字で述べる。
   - 自分がよく利用する外食業態を選び，その魅力（例：利便性，価格，メニューの多様性）や課題（例：サービスの質，混雑）を考察します。
   - それを 400 〜 500 字でまとめます。

2. 業態ごとに異なるマーケティング戦略（例：SNS，プロモーション）について調べ，事例を報告する。
   - 各業態が採用しているマーケティング戦略（例：SNSキャンペーン，割引プロモーション）を調査します。
   - 具体的な事例を挙げて報告します。

3. 自分の好きな外食業態に対する顧客ニーズを考察し，店舗運営の改善案を提案する。
   - 自分の好きな外食業態に対する顧客ニーズ（例：健康志向，スピード，価格）を考察します。
   - そのニーズを満たすための店舗運営の改善案を提案し，レポートにまとめます。

スターバックスの日本戦略

　スターバックスは，日本に進出してから28年の歴史を刻み，カフェチェーン市場において急速な成長を遂げてきました。現在，日本国内における店舗数は2,000店に迫り，ファストフード業界では日本マクドナルドホールディングスに次ぐ規模となる見通しです。

年間100店舗の出店ペース

　スターバックスコーヒージャパンは，日本市場において年100店舗前後の出店を継続しています。2025年には2,000店舗の大台に到達する見込みで，これは「牛丼チェーンのすき家」の店舗数を上回り，マクドナルドに次ぐ外食業界2位の規模に成長することを意味します。このような急成長は，都市部にとどまらず地方のドライブスルー店や特殊立地のライセンス店など，あらゆる形態での店舗展開を進めていることが背景にあります。

　日本市場におけるスターバックスの出店戦略には，異なるコンセプトの店舗を展開する多様なアプローチが採用されています。特に，後述する「黒スタバ」や「ティー専門店」など，さまざまな新しい形態を展開し，競争力を高めています。

「黒スタバ」：上質志向の顧客層へのアプローチ

　2019年に日本で初めて開業した「スターバックス リザーブ」店舗，通称「黒スタバ」は，上質志向の顧客層をターゲットにした新たな試みです。ここでは，黒地に星と「R」のロゴをあしらったエンブレムが使用され，内装にも黒を取り入れることで高級感を演出しています。さらに，通常のスターバックス店舗にはないワインやイタリア発ブランドのパンなど，上質な商品も提供しており，来店客に特別な体験を提供しています。

　現在，黒スタバは全国に60店舗以上展開されており，特に東京・中目黒や銀座に位置する旗艦店では高い集客力を誇っています。同ブランドを通じて上質なコーヒー体験を提供することで，新たなブランド価値を築き，他のカフェチェーンとの差異化を図っているといえます。

ティー専門店：「スターバックス ティー＆カフェ」で女性客をターゲット

　日本独自のティー専門店「スターバックス ティー＆カフェ（T&C）」を展開し，女性や若年層の顧客をターゲットにしています。この店舗では，コーヒーに加えて「ティバーナ」の高品質な茶葉を使用した豊富なティーメニューが提供されており，抹茶やほうじ茶など日本の伝統的な茶文化に馴染みのある味から，紅茶ベースの色鮮やかなメニューまで取り揃えています。

　2024年時点で全国に15店舗展開されており，コーヒーが苦手な顧客へのアプローチを強化するため，今後も出店ペースを加速させる予定です。また，ティーメニューの売上は2020年から2022年にかけて2倍以上の成長を遂げており，スターバックスの新たな成長エンジンとして注目されています。

直営店主義によるブランド管理と顧客体験の一貫性

　スターバックスの日本市場での大きな特徴の一つは，直営店主義を掲げている点です。スターバックスジャパンは，1996年の日本市場進出時には「サザビーリーグ」との共同出資会社として設立されましたが，2015年には米国本社が完全子会社化し，以降は100％米国本社の出資による運営が行われています。この直営店主義により，スターバックスはブランド管理と運営の一貫性を確保し，顧客に対して高品質なサービスを提供することができています。

　水口貴文CEOによれば，完全子会社化によりモバイルオーダーや電子商取引（EC）などのデジタル施策が実現できるようになり，さらなる顧客満足度の向上に寄与しています。特にアプリを活用したファン育成にも力を入れており，アプリ会員には新商品を先行発売するなど，顧客とのつながりを強化する施策も積極的に行っています。

地域密着型の店舗展開とカスタマイズメニュー

　スターバックスは，地域密着型の店舗展開を重視しており，日本各地でさまざまな地域限定メニューや店舗コンセプトを取り入れています。例えば，47都道府県ごとに異なるフラペチーノを提供することで，地域ごとの

特色を尊重し，地域の顧客に親しみを持ってもらう工夫が施されています。
　また，富山県にある「世界で一番美しいスタバ」として知られる店舗など，各地でユニークなデザインを採用した店舗も存在します。これは，スターバックスが地域とのつながりを強化し，単なるカフェチェーンにとどまらず，コミュニティの一部としての役割を果たそうとする意図を反映しています。

日本市場でのデジタル戦略とファン育成
　デジタル施策もスターバックスの日本市場における成長を支える重要な要素です。スターバックスはアプリを通じたモバイルオーダーを導入しており，忙しい顧客にとって利便性を高めると同時に，事前に新商品を先行販売するなどして顧客との接点を増やしています。
　さらに，アプリ会員をターゲットとしたロイヤリティプログラムを展開し，スターバックスファンを育成することにも注力しています。これにより，単なる一度きりの購入にとどまらず，長期的なリピーターを増やすことができ，顧客のロイヤルティを向上させることが可能となっています。

（参考文献）
『日本経済新聞』2024年10月23日「スターバックス，2000店超え―日本でマック猛追，『黒』が切り札」

第4章
食のトレンドと外食産業の変化

　現代の外食業界は，食のトレンドや消費者の好みの変化による影響を大きく受け，収益や事業の継続にかかわる課題と機会に直面しています。「グルメ志向」と「節約志向」の両立が求められ，また「アルコール離れ」や「インスタ映え」といったトレンドが消費の根底に流れ，複雑な状況が展開されています。これに対応する柔軟性が，各外食企業に求められています。

図表4-1　現代の外食業界の課題

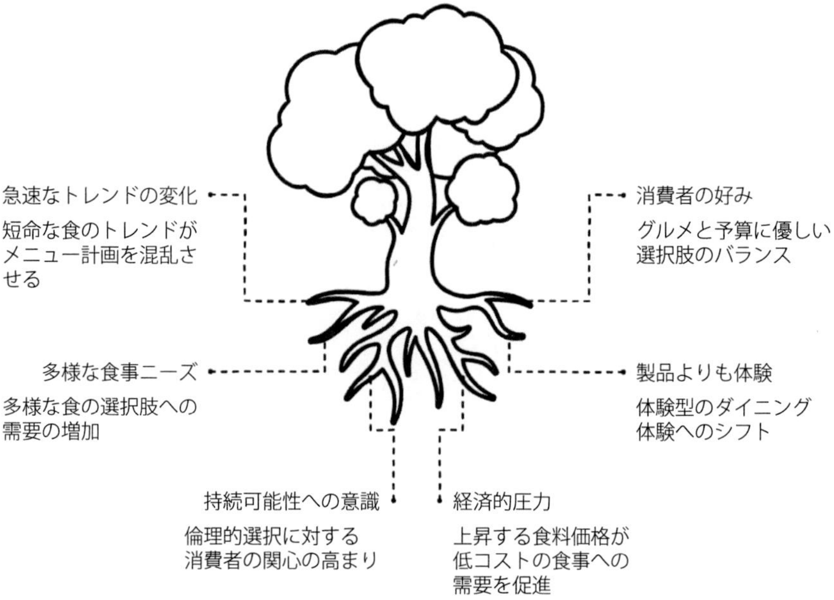

急速なトレンドの変化
短命な食のトレンドがメニュー計画を混乱させる

消費者の好み
グルメと予算に優しい選択肢のバランス

多様な食事ニーズ
多様な食の選択肢への需要の増加

製品よりも体験
体験型のダイニング体験へのシフト

持続可能性への意識
倫理的選択に対する消費者の関心の高まり

経済的圧力
上昇する食料価格が低コストの食事への需要を促進

1．食トレンドの変遷とその影響

　『ファッションフード，あります』の著者・畑中三応子氏が指摘するように，昭和のティラミスや平成のナタデココから，近年のダルゴナコーヒーやトゥンカロンまで，食の流行（トレンド）は短期間で移り変わり，外食業界全体に波及します。新しい例では，「マラサダドーナツ」や「ポケボウル」といったハワイアンフードが流行し，外食チェーンやカフェがこれに着目したメニューを次々と展開しています。
　このようなトレンドの短命化は，企業が消費者の嗜好に迅速に対応するための新メニューや店舗開発の重要な要因となっています。定番メニューの安定性と話題性を兼ね備えた新メニューのバランスが，企業の持続的な成長を左右します。

2．トレンドと事業戦略の調和

　今日の外食業界では，食のトレンドを効果的に事業に取り入れる戦略が求められています。例えば，スターバックスが提供する「抹茶クリームフラペチーノ」や「ほうじ茶ラテ」は，日本の茶文化をトレンドに組み込み，国内外の顧客に好評を博しています。また，消費者の節約志向に応え，ファストフードチェーンでは「ボリューム満点のミールセット」や「ワンコインランチ」を充実させ，価格訴求を強化しています。さらに，グルメ志向やインスタ映えに対応したビジュアル重視のメニューも，新たな顧客層を引き付ける力となっています。

3．フード・ダイバーシティと新しいニーズ

　食の多様性（フード・ダイバーシティ）が求められるように，ヴィーガン，ベジタリアン，グルテンフリー，アレルギー対応食，宗教的制約を考慮したメニューなど，多様な食のニーズが高まっています。これは日本国内だけでなく，海外からの観光客の増加やグローバル化によって都市部の外食業界で特に顕著です。

写真4－1　ヴィーガンのメニュー例

例えば，モスバーガーでは，パティに植物性の素材を使用した「グリーンバーガー」を提供し，健康志向や環境意識の高い消費者層に支持されています。多様な価値観に対応することが業界の競争力を向上させる要素となり，今後も重要な取り組みとなるでしょう。また，アルコールを飲まない人への配慮も広がっており，ノンアルコール市場も拡大しています。

4．消費の変化：モノ消費からコト消費・トキ消費・イミ消費へ

消費者の志向が，単なる「モノ消費」から，体験価値を重視する「コト消費」，時間や一瞬の共有に重きを置く「トキ消費」，そして「イミ消費」へと進化していることも見逃せません。外食産業では単なる食事提供以上の意味が求められています。

・コト消費と体験型メニュー

「コト消費」の例として，特別な体験を提供する「テーマカフェ」や「シーズン限定メニュー」の人気が高まっています。例としてスヌーピーをモチーフにした「ピーナッツカフェ」や「ハリーポッターカフェ」など，物語性を付加した飲食店が幅広い客層を引きつけています。特定の場所や限定感を楽しむこの消費スタイルは，日常を超えた価値を消費者に提供する場となっており，これにより「また行きたい」と思わせるリピーター獲得につながっています。

・トキ消費とインスタ映え

一瞬を共有し，SNSでの「映え」を求める「トキ消費」にも対応が求められます。SNS映えするスターバックスの「ユニコーンフラペチーノ」など，カラフルで視覚的にインパクトのあるメニューは，若年層の

購買意欲を引き出しています。Z世代（1990年代半ば以降生まれ）はSNSでの「いいね」数や共有を重視しており，視覚的要素が大きな影響を与えています。これに対応するため，店舗の内装や食器，盛り付けにも「トキ消費」を意識した工夫が必要です。

・イミ消費とサステナブルメニュー

「イミ消費」は，商品の背景や持続可能性に対する価値が重要となります。近年，サステナブルでエシカルな選択をする消費者が増加し，これに応える外食企業も増えています。例えば，スターバックスが取り組む「エシカルソースコーヒー」やゼンショーホールディングスのフェアトレードコーヒー，地産地消に取り組むレストランは，単なる食事以上の「意味」を消費者に提供し，共感を呼んでいます。これにより，企業はブランド価値を高め，社会貢献と収益の両立を図ることが可能になります。

5．パンデミック後の消費傾向とサステナビリティ意識

コロナ禍というパンデミックを通じた生活様式の変化は，外食の選択肢やサービス内容にも影響を与えました。デリバリーやテイクアウトの需要が拡大し，外食産業ではアプリによる注文・決済や配送サービスの品質向上が進められています。

また，消費者のサステナビリティ（環境・社会・経済の3つの側面で持続可能な発展を目指す概念）意識の高まりを受け，地産地消やオーガニック食材の使用，フードロス削減の取り組みが外食業界にも浸透しています。例えば，ミスタードーナツは「エコとりくむド」というキャッチフレーズで，閉店後に残ってしまったドーナツを飼料としてリサイクルしたり，古くなった揚げ油を工業用原料に再生したりする活動を進めています。

図表4－2　ダスキンが展開する「ミスタードーナツ」は環境対応を強化している

出所：ミスタードーナツ公式サイト　https://www.misterdonut.jp/torikumi/sdgs/

6．節約志向の影響とお値打ちメニューの展開

　エデンレッドジャパンの「FOOD Barometer 2024」によると，日本のビジネスパーソンの約8割が今後も「食料品が値上がりする」と考えており，食への節約意識が高まっています。食の選択肢が価格優先にシフトし，外食産業ではお値打ち感を重視するメニューが増加しています。例えば，びっくりドンキーが期間限定で提供する「ガリバーバーグ」はボリュームと価格のバランスを重視し，消費者のニーズに応える取り組みの一環です。

　また，居酒屋業界では目玉メニューと定番メニューのミックスで集客と収益の両立を図ろうとしています。

7．トレンド予測と業界の持続的成長

　トレンドの速さに対応するためには，フレキシブルなビジネスモデルとトレンド分析力が欠かせません。例えば，ヘルシーフードや「地産地消」といった健康志向の流れが根強く残る中で，外食産業は環境や地域社会との調和を目指した新しいビジネスモデルを模索しています。

第4章　食のトレンドと外食産業の変化 | 85

　また，SNSでの「映える」食体験を重視したメニュー作りや，ユニークなテーマ性を打ち出すことで，話題性を生み，競争力を高めることが可能です。今後も，消費者の変化に柔軟に対応し，次のトレンドを見越した戦略を立てることが，外食業界の成長と持続性に寄与していくでしょう。

【本章のまとめ】

　第4章では，近年の食のトレンドが外食産業に与える影響について考察しました。消費者の嗜好が多様化する中，外食産業は迅速に対応する必要があります。

　まず，健康志向の高まりが外食メニューに顕著に反映されています。消費者は栄養バランスや低カロリー，オーガニック食材を重視する傾向が強まり，飲食店は健康を意識したメニューの提供を強化しています。サラダバーやヴィーガン，グルテンフリーの選択肢を提供する店舗も増加しています。

　次に，持続可能性や環境への配慮が重要なトレンドとなっています。フードロス削減や地元食材を使った料理，プラスチック削減への取り組みなど環境に配慮したビジネスモデルが求められています。

　また，SNSの普及で「インスタ映え」などの話題づくりもマーケティング戦略上大切になっています。

　これらのトレンドは，外食業界が柔軟に対応し，新たな価値を提供することで，未来の市場での成長を目指すための重要な要素となっています。食のトレンドと外食産業の変化は相互に影響し合い，業界の発展を促進しています。

--- ホームワーク ---

1. 外食産業における最近のトレンド(例:プラントベース食品)を調べ,その背景と将来性を考察する。
   - 最近の外食産業におけるトレンドを一つ選び,その背景(例:健康志向,環境意識の高まり)を調査します。
   - そのトレンドの将来性を考察し,レポートにまとめます。

2. 自分の食生活で影響を受けているトレンドについて考え,その外食業界への応用を述べる。
   - 自分の食生活で影響を受けているトレンド(例:オーガニック食品,低糖質ダイエット)を考えます。
   - そのトレンドが外食業界でどのように応用されているかを述べ,レポートにまとめます。

3. 消費者の食トレンドを調査し,そのトレンドを利用した新しい外食メニューを考案する。
   - 消費者の食トレンドを調査し,そのトレンドを利用した新しい外食メニューのアイデアを考えます。
   - メニューのコンセプト,ターゲット層,価格設定などをレポートにまとめます。

第5章
飲食店（カフェ）開業の流れ

　カフェの開業は，多くの人々にとって魅力的なビジネスであり，夢の実現と考える人もいます。しかし，成功するためには，単に「おしゃれな空間を作る」だけではなく，事業としての計画性と戦略的な運営が不可欠です。本章では，カフェ開業に向けた準備段階から運営開始後のポイントまで，具体的なステップを解説します。市場調査の重要性，ターゲット顧客の設定，ビジネスモデルの構築，物件選定，資金計画，許認可の取得，そして運営戦略までを体系的に整理し，カフェ経営を成功へと導くための知識を提供します。

1．カフェ開業の魅力と現状

　カフェ開業は，多くの人々にとって夢であり，成功させるには入念な市場調査と具体的なビジネスモデル（儲けの仕組み）の設計が必要です。カフェは単なる飲食の提供に留まらず，顧客に社交の場やリラックスできる空間を提供する重要な役割を果たしています。近年，外食市場はコロナ禍を経て変化を遂げ，消費者の嗜好やライフスタイルも大きく変わりました。2023年には，カフェ市場は約1兆円に達し，今後も年平均成長率は5％以上と予測されています。

　カフェ業界においては健康志向やエシカルな消費の高まりが顕著です。消費者は単に飲食を楽しむだけでなく，健康や環境に配慮した選択を求めるようになっています。例えば，オーガニックや地元産の食材を使用したメニューが注目されており，これらを提供するカフェも増えています。

　加えて，カフェの多様なスタイルやコンセプトが市場において求められています。最近では，テイクアウトやデリバリーサービスの強化がカフェ経営において重要な要素となっており，特に都市部ではビジネスパーソンや通勤客をターゲットにした短時間で満足できるメニューが求められています。このような動向を反映し，カフェの設計やメニュー開発において，より柔軟でクリエイティブなアプローチが必要とされています。

　地域密着型のアプローチも注目されています。地域特産品を利用したメニューや，地元の農家と連携した食材調達は，顧客との信頼関係を築く重要な手段となります。

　カフェ開業は多くの魅力がある一方で，競争が激しい市場でもあります。成功を収めるためには，消費者ニーズの変化に敏感に反応し，効果的なビジネスモデルを確立することが求められます。これにより，独自

の価値を提供し，顧客に愛されるカフェを目指すことが重要です。

2．ターゲット設定と顧客層の明確化

　ターゲット層の選定は，カフェのコンセプト作りにおいて極めて重要な要素です。ターゲットによって，必要なサービスやメニューは大きく異なります。カフェ開業においては，どの顧客層を狙うかによって，提供する商品の種類や店内の雰囲気，マーケティング戦略が決まります。

　例えば，学生や若年層を対象にする場合，「インスタ映え」や「健康志向」を意識したメニューや，長時間滞在しやすい空間づくりが求められます。この層は，豊富なドリンクメニューやカラフルなスイーツ，快適な Wi-Fi 環境が重要です。特に SNS を利用した情報発信が盛んであるため，視覚的に訴求するメニューやインテリアの工夫も必要です。

　一方で，ビジネス客が多いエリアでは，短時間で満足できるメニューや，Wi-Fi や電源といったビジネス支援設備があると強みになります。ランチタイムには，テイクアウトや時短メニューを提供することで，忙しいビジネスパーソンに対応することが可能です。ここでは，顧客が求める利便性や効率性を重視したサービス設計が求められます。

　ターゲットが決まったら，次に近隣の競合カフェを調査します。どの

図表5－1　どのようなカフェを開業するか

健康志向カフェ
オーガニックや地元産の食材を使用し，健康志向の顧客をターゲットにする。

テイクアウト重視力
都市部のビジネスマンや通勤客をターゲットに，テイクアウトや短時間メニューを提供する。

地域密着型カフェ
地域特産品を利用したメニューや，地元の農家と連携した食材調達を行い，地域の顧客をターゲットにする。

ような顧客層をターゲットにしているか，人気メニューや価格帯，混雑する時間帯などを把握し，競合と差別化するための戦略を立てます。競合分析においては，サービス内容，メニュー構成，価格，インテリアデザインなどで独自性を出すことが求められます。地域の特色を取り入れたメニューを考えることで，他のカフェとの差異化が可能です。

ターゲット設定と顧客層の明確化は，カフェの成功に向けた第一歩です。このプロセスを通じて，顧客のニーズを正確に捉え，それに応じた価値提供を実現することが重要になります。これにより，競争の激しい市場の中でも独自の位置を確立し，リピーターを増やす基盤を築くことができるでしょう。

3．ビジネスモデルの構築と戦略

カフェのビジネスモデルは，開業成功の鍵を握る重要な要素です。市場調査の結果を踏まえ，自店舗のビジネスモデルを構築します。例えば，「テイクアウト強化型カフェ」や「ランチタイム重視の高回転型カフェ」など，地域や顧客のニーズに応じた柔軟な戦略が求められます。具体的には，オフィスエリアで営業する場合，昼間はビジネスパーソン向けのテイクアウトに特化し，夜にはリラックスできる空間を提供することで，異なる客層に対応することが可能です。

顧客のライフスタイルや社会的な変化に伴い，トレンドは常に変化しています。最近のカフェ業界で注目されているトレンドには，健康志向やエシカル・サステナビリティが挙げられます。特に，ヴィーガンやグルテンフリー，オーガニック食材を使用したメニューを提供するカフェが増えており，地域密着型のアプローチも人気です。リサイクル素材やバイオ素材の容器の使用，エシカルな食材の調達により，環境意識の高い消費者層に訴求できるブランドイメージの構築が可能です。

また，SNS映えするインテリアやメニューは集客に大きな効果を発

揮します。特に若年層には，訪れたカフェや注文した料理をSNSで共有する習慣が広がっているため，インテリアやメニューのビジュアルに独自性を持たせることが重要です。季節ごとのテーマやイベントに合わせた限定メニューを提供するなど，リピーターを促す工夫も効果的です。

　ビジネスモデルの構築においては，次のポイントに注意を払うことが重要です。
(1) **ターゲット顧客の特定**：顧客層に合わせた商品やサービスを展開することで，より高い満足度を提供します。
(2) **収益源の多様化**：テイクアウト，デリバリー，イベント開催，物販など，多様な収益源を確保することで，安定した売上を目指します。
(3) **デジタル化の推進**：モバイルオーダーやSNSマーケティングを活用し，顧客との接点を増やし，利便性を向上させます。
(4) **地域貢献と持続可能性の追求**：地元の生産者との提携や環境に配慮した取り組みを通じて，地域社会への貢献を意識することがブランド価値を高めます。

　これらの要素を組み合わせてビジネスモデルを構築することで，競争の激しいカフェ業界において持続可能な成長を実現し，顧客に選ばれる店舗となることができます。

4．事業計画

　飲食店開業における事業計画書は，事業成功のための重要な設計図です。具体的かつ実現可能な計画を立てることが，開業後の経営の安定性と成長に寄与します。以下の要素を盛り込むことで，効果的な事業計画を策定できます。

事業計画書の掲載内容

(1) **基本情報の明確化**：計画書には店舗の基本情報（店名，所在地，業態，営業時間など）やコンセプトを明確に記載します。コンセプトは店舗の差異化ポイントであり，ターゲット層を引きつける重要な要素です。

(2) **市場調査の結果**：開業予定エリアの市場調査を通じて，立地条件や競合店舗の状況を分析し，自店舗の強みや差別化要因を整理します。市場ニーズや消費者の嗜好を把握し，事業戦略に反映させることが重要です。

(3) **メニュー構成と価格設定**：メニュー構成は店舗のコンセプトやターゲット層に合わせて具体的に示します。また，価格設定は収益性に直結するため，原材料の調達先も決め，FLコスト（Food and Labor Cost）を考慮した適切な価格設定で利益を確保することが必要です。

(4) **収支計画**：売上・費用の収支計画を詳細に記載し，開業資金や運転資金の調達方法を検討します。月ごとの収支予測や損益分岐点の設定が，経営判断の目安となります。特に開業初期は予測外の出費が発生しやすいため，余裕を持った資金計画を立て，キャッシュフローを健全に保つことが重要です。

(5) **運営体制の構築**：スタッフの配置，採用計画，教育方法など，運営体制を明確にします。運営体制には，サービス向上のためのスタッフ教育や役割分担の計画も含め，組織全体の効率的な運営が求められます。

(6) **集客・プロモーション戦略**：SNSの活用や近隣住民へのチラシ配布など，ターゲット層に届く具体的なアプローチを盛り込みます。効果的な集客方法やマーケティング戦略を検討し，顧客の獲得を目指します。

(7) **リスク管理**：事業計画書には，潜在的なリスクや課題に対する対

策も考慮します。市場の変動や競合の出現，食材価格の高騰など，リスクを事前に予測し，適切な対応策を用意しておくことが求められます。

許可や免許の取得

飲食店を開業するためには，オープンする地域の保健所で営業許可をもらう必要があります。申請は店舗完成の10日前までが決まりです。検査に合格すると許可が得られます。申請書には設備配置の平面図や場所の見取り図，食品衛生責任者（食品衛生責任者養成講習会を受講することで資格取得できる）の資格を証明する書類などを添えなければなりません。

また，消防署にはオープン前に防火管理者選任の届けを出す必要があります。30人以上が収容できる店舗では，防火管理資格を持つ人がいなければならないためです。

事業計画は収支見込みなどの策定と並行して，開業手続きや，資格取得，届け出なども進めましょう。

収支計画の重要性

飲食店の収支計画書は，収入と支出の予測を明確にし，経営の安定と持続可能な成長を実現するための指針です。収入の予測では，月間の売

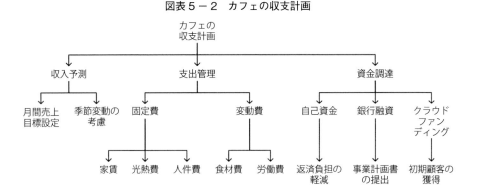

図表5-2　カフェの収支計画

上目標を設定し、来客数・客単価に基づいて予測します。季節変動や地域のイベントなどの影響も考慮し、現実的な売上予測を立てることが重要です。

支出項目には、まず「固定費」として家賃や光熱費、人件費が含まれます。人件費の目安は売上の30％程度が一般的とされ、スタッフの配置計画とリンクさせて算出します。また、「変動費」には食材費や消耗品費が含まれ、FLコストの割合を管理します。飲食業界ではFLコストを60％以内に抑えることが収益性を確保する指標となります。

収支計画書には月ごとの損益予測と、損益分岐点（必要な売上額）を算出し、毎月の経営状況を把握できるようにします。特に開業初期は予測外の出費が発生しやすいため、余裕を持った資金計画を立て、キャッシュフロー（現金収支）を健全に保つことが飲食店の経営には不可欠です。

これらの要素を包括的に取り入れた事業計画書を作成することで、カフェの開業と運営における方向性を明確にし、成功への基盤を築くことができます。

5．資金調達と収益性の確保

カフェの開業において、資金調達と収益性の確保は安定した経営を実現する上で不可欠な要素です。開業には初期投資が必要であり、収益を安定させるためには経費の管理と売上の最大化が求められます。

資金調達の選択肢

(1) **自己資金**：自己資金が多いほど返済負担が軽減され、経営の自由度が増します。一般的には開業資金の30〜50％を自己資金で賄うことが理想とされ、500万〜700万円程度の準備が望ましいです。

(2) **銀行融資**：銀行からの融資は、詳細な事業計画書や収支予測書の提出が必要です。日本政策金融公庫や信用保証協会を利用するこ

とで，低金利の融資が可能です。例えば，日本政策金融公庫の「小規模事業者向け融資制度」では，金利が1％台で設定されることが多く，1,000万円の融資を受けた場合，月々の返済額は約9万〜12万円程度が目安となります。
(3) **クラウドファンディングや投資家支援**：クラウドファンディングでは，開業前に支援者から資金を集めることができ，初期顧客の獲得にもつながります。例えば，目標額300万円の支援を募集し，リターンとして割引券や限定グッズを提供することで，話題性を高め集客効果を期待できます。

収益性の確保

収益性を確保するためには，初期投資額とランニングコストを正確に見積もることが必要です。

- **初期投資**：物件取得費や内装工事，設備購入費などが主な項目です。例えば，都内でのカフェ開業に必要な初期費用は平均して800万〜1,200万円程度とされており，規模や立地条件により費用が変動します。事前に計画を立てることが大切です。
- **ランニングコスト**：月々の家賃，光熱費，人件費，食材費などが挙げられます。特にFLコストは経営の収益性に直結する重要な指標であり，60％以下に抑えることが目安です。客単価を上げるために，セットメニューや季節商品を提供し，顧客の消費額を増やす施策も有効です。

収益性向上のポイント

(1) **コスト管理**：収益を確保するためには，初期投資やランニングコストを厳密に見積もり，無駄を省くことが重要です。特に原材料費や人件費の管理は経営の収益性に直結します。
(2) **売上の最大化**：客単価を引き上げるための施策を導入し，リピーターを増やすことが不可欠です。例えば，セットメニューや季節限

定商品の提供，顧客ニーズに応じた新メニューの開発を行います。
(3) **資金計画の見直し**：開業後のキャッシュフローを定期的に見直し，必要に応じて資金調達方法を柔軟に調整することが求められます。

これらの戦略を組み合わせることで，カフェの開業と運営において安定した経営基盤を築き，持続的な成長を実現することが可能です。

6．物件選びと店舗デザイン

カフェの成功には，立地選びやデザインが大きな影響を及ぼします。立地条件が集客力に直結するため，慎重に選定することが大切です。また，店舗デザインは顧客の滞在意欲や満足度を高める重要な要素です。以下に，物件選びと店舗デザインに関するポイントを整理します。

物件選び

(1) **ターゲットに合わせた立地選び**：

ターゲットに適した立地が成功の鍵です。例えば，学生の多いエリアでは，おしゃれなインテリアとリーズナブルな価格が好まれるため，客単価を500〜800円程度に設定することが多いです。一方，ビジネスエリアでは，ランチタイムに利用されやすい1,000円前後のメニューや，Wi-Fi・電源完備で作業しやすい静かな空間が求められます。商業施設内や駅近での出店は，通行人の目に留まりやすく，集客に寄与することが期待できます。

(2) **具体的な物件選びの事例**：

○**代官山のカフェ**：東京・代官山エリアはおしゃれな街として知られ，特に若い女性をターゲットにしたカフェが多く出店しています。ここでは，商業ビルの1階に位置する店舗が多く，通行人の目に留まりやすい立地が選ばれています。

○梅田の駅ナカカフェ：大阪の梅田駅では，通勤客をターゲットにしたカフェが人気です。駅構内の利便性を活かし，忙しいビジネスマン向けにテイクアウトメニューを充実させることで，短時間でも満足できる食体験を提供しています。

店舗デザイン

(1) 顧客が居心地よく感じるデザイン：

店舗のデザインは，顧客がリラックスし長居したくなる空間であることが理想です。自然素材や観葉植物を使った内装，照明で温かみを演出し，リラックスできる雰囲気を目指します。また，1人客向けのカウンター席や友人グループ向けのソファ席，テイクアウト用の専用窓口を設け，顧客の多様なニーズに応えるレイアウトにすることもおすすめです。テラス席を設けることで，回転率を上げつつ客数を増やす工夫ができます。

(2) 具体的なデザイン事例：

・ブルーボトルコーヒー（Blue Bottle Coffee）：シンプルで洗練されたデザインが特徴で，コーヒーを楽しむための居心地の良いスペースを提供しています。店内は白を基調としたモダンなデザインで，明るく開放感のある雰囲気が魅力です。

写真5－1　コンセプトやターゲットに沿った店舗デザインが肝要

- **スターバックス**：店舗ごとに異なる地域の文化やデザインを取り入れ，例えば京都の店舗では，伝統的な和の要素を取り入れたデザインが施されています。こうした工夫は，地域の人々の親しみを得るだけでなく，観光客の興味も引きつけます。

(3) 不動産会社や内装工事会社との連携：

物件選びや店舗デザインを成功させるためには，専門の不動産業者や内装工事会社との連携が不可欠です。

- **不動産業者との関係構築**：地域の市場や流動人口，競合店舗の情報に精通した不動産業者を選ぶことで，より良い物件を見つけられやすいでしょう。店舗が立地するエリアのトレンドや顧客の嗜好についてアドバイスを受けられると，ターゲットに合った物件選びが可能になります。
- **内装工事会社との協力**：店舗デザインを具体化するためには，内装工事会社との連携が重要です。彼らは店舗のコンセプトに合わせたデザインを提案し，実際の施工を行います。特に，材料選びやレイアウトの最適化など，専門的な知識が求められるため，信頼できる業者を選ぶことが大切です。

物件選びと店舗デザインは，カフェの成功に直結する重要な要素です。ターゲット層を意識した立地選びや，顧客がリラックスできる店舗デザインを通じて，カフェの魅力を高めることが可能です。専門業者との連携を活かしながら，理想的なカフェを実現しましょう。

7．メニュー開発と価格設定

メニュー構成は店舗のコンセプトやターゲット層に合わせ，顧客ニーズに合った内容にすることが重要です。価格設定は収益に直結するため，材料費や市場相場を見据えつつ慎重に行う必要があります。

メニュー開発の基本

(1) **コンセプトに基づいたメニュー設計：**
- まず，店舗のコンセプトに応じた主力メニューを決定します。例えば，健康志向のカフェではオーガニック食材を使用したメニューや低カロリーのメニューが人気で，ドリンク1杯あたり500〜700円，軽食700〜1,000円が目安です。また，SNS映えを意識したカフェでは，見た目の工夫を凝らしたドリンクやスイーツが効果的です。

(2) **メニュー構成のポイント：**
- **メイン商品**：コーヒーや紅茶などのドリンクは，売上の柱となります。バリエーションを豊富にすることで，客単価を500〜800円に設定し，リピーターの獲得につなげます。
- **サブ商品**：軽食やスイーツは客単価を上げるのに有効です。例えば，ランチやアフタヌーンティーにセットメニュー（1,000〜1,500円）を提供することで，単価の向上が期待できます。
- **特別商品**：季節限定メニューや地域特産品を使った商品は話題性があり，SNSや口コミでのプロモーション効果も期待できます。価格は通常の1.2倍程度に設定し，プレミア感を出すのがポイントです。

価格設定と原価管理

(1) **メニュー価格の設定：**
- メニュー価格は材料費（原価）を基に設定します。一般的に飲食業の原価率は30〜35％が目安とされており，例えばドリンク（コーヒー）は原価150円で500円，軽食（サンドイッチなど）は原価200円で600円に設定し，利益が出やすい価格を目指します。

(2) **客単価を引き上げる工夫：**
- **セットメニューの提供**：ドリンクと軽食のセットを用意し，割安

感を提供しつつ客単価を引き上げます。セット価格は個別注文より5〜10%お得に見せるのが効果的です。
- **オプション提案**：シロップやトッピングの追加（50〜100円），サイズアップ（100〜150円）のオプションを設定し，顧客が注文しやすい環境を整えます。
- **季節ごとのプロモーション**：季節限定のドリンクやフード（例：夏のフルーツ系スムージー500〜700円）を導入し，来店頻度を高めつつ，プレミア感のある価格で単価を上げます。

メニュー表のデザイン

(1) **メニュー表の重要性：**
- メニュー表は，顧客が注文を決める際に目にする重要な要素です。主力商品を目立たせるレイアウトを意識し，写真やイラストを使って商品の魅力を引き出します。また，シーズンごとにメニュー表を更新することで新鮮な印象を与え，リピーターに飽きさせない工夫が可能です。

(2) **デザインのポイント：**
- **視覚的な訴求**：美しい写真やイラストを使用し，商品の魅力を引き出します。視覚的な要素は購買意欲を高める重要な要素です。

写真5−2　カフェのメニュー表の例

- **明確な情報提供**：商品名，価格，説明をわかりやすく配置します。特にアレルギー情報や特別な配慮が必要なメニューについては，明確に示しておくことが顧客の安心感につながります。
- **シーズンごとの更新**：メニュー表を定期的に更新し，顧客に新鮮さを提供します。新しいメニューや特別なプロモーション情報を取り入れることで，再来店を促す効果があります。

メニュー開発と価格設定は，カフェの収益性に直結する重要な要素です。店舗のコンセプトに基づいたメニュー設計や魅力的な価格設定を行うことで，顧客の満足度を高め，収益の向上につなげることができます。また，メニュー表のデザインにも工夫を凝らし，顧客に魅力的な体験を提供することが成功への鍵となります。

8．仕入れ先の選定・決定

仕入れ先の選定は，カフェ経営の収益モデルや安定運営に直結します。食材や消耗品を安定的に調達できる供給体制の確立が重要です。長期的なパートナーシップを築き，価格交渉やサプライチェーンの最適化に努めることで，経費を抑える努力も必要です。

仕入れ先の種類

(1) **大手食材業者との提携**：
- 安定した供給力と幅広い品揃えを誇る大手の食材業者と提携することで，品質が均一で，納期が確実な仕入れが可能になります。例えば，カフェでよく使用されるコーヒー豆やベーカリー素材，牛乳や砂糖などの基本食材は，定期的に必要なため，安定供給を求めやすい。また，発注量に応じた価格の調整や，専用の納入スケジュールなどのサービスがある場合もあり，特に運営初期には

コスト削減に役立つことがあります。
- (2) **地域の農家や生産者との直接取引：**
  - ・地域の特色を活かし，地元の生産者から直接調達することで，カフェの個性を引き立て，地元との信頼関係を築くことが可能です。地元の新鮮な野菜や季節ごとの果物，地域特産品を使用したメニューを提供することで，他店との差別化を図ることができます。地域生産者との連携は，持続可能な経営の一環としても顧客の共感を得やすいポイントです。
- (3) **オンライン・卸売り業者の活用：**
  - ・近年，オンラインでの食材調達も一般的になっており，さまざまな卸売り業者がオンラインでの発注に対応しています。特に，消耗品や長期保存が可能な乾燥食品，包装資材など，頻繁な納品が不要なものに適しています。また，地域に限らず全国から仕入れられるため，珍しい食材やこだわりのアイテムを揃えたい場合にも，オンラインは便利な選択肢です。

取引条件とコストの確認

- (1) **価格交渉と納入頻度：**
  - ・仕入れ先との価格交渉は，収益性に大きな影響を及ぼします。複数の業者を比較しながら，価格や納入条件について交渉を重ねることが，安定した収益確保の鍵となります。特に，カフェでは仕入れの頻度が高いため，納品スケジュールが柔軟に対応可能か，配送コストが抑えられるかも重要なポイントです。
- (2) **最低発注量の確認：**
  - ・小規模なカフェにおいては，仕入れの量に制限がある場合も多いため，各仕入れ先の最低発注量（MOQ）を確認しておくことが大切です。規模に応じて，最小単位で納品してもらえるかどうかを事前に確認し，無駄なく経費を使う工夫が求められます。

安定供給と品質管理

(1) **品質の維持：**
- カフェにおけるメニューの質を保つためには，仕入れ先の品質が安定しているかどうかの見極めが重要です。定期的なサンプル提供やテスト購入を実施し，品質が安定していることを確認することで，味のばらつきが発生しないようにする配慮が必要です。

(2) **バックアップサプライヤーの確保：**
- 供給リスクに備え，代替サプライヤーを確保しておくことも大切です。特に，輸入品や季節限定の食材を扱う場合，何らかの理由で供給が途絶したときに備え，複数の仕入れ先を確保しておくことで，営業が滞るリスクを回避します。

契約書の締結

- 仕入れ先との取引条件を明確にし，正式な契約書を締結することで，双方の信頼関係を確立します。特に，納入スケジュールや返品条件，価格調整に関する内容を契約書に盛り込むことで，長期的かつ安定的な関係を築くことが可能です。

仕入れ先の選定は，カフェの運営において重要な要素であり，安定した経営を実現するために欠かせません。信頼できる仕入れ先との関係を築き，品質やコスト管理を徹底することで，カフェの成功に寄与することができるでしょう。また，地域とのつながりや持続可能な取り組みを重視することで，顧客からの信頼を得やすくなります。

9．集客戦略と顧客維持

カフェ開業後に重要なのは，集客力を高め，リピーターを確保することです。効果的な集客戦略と顧客維持の施策がカフェの成功に大きく影

響します。

SNS や口コミを活用した広報

　近年，カフェ業界では Instagram や TikTok といった SNS の利用が必須になっています。SNS を通じた情報発信は，店舗の認知度を向上させ，顧客層の拡大を期待できます。

- **SNS アカウントの開設と運用：**
    - 開業前から SNS アカウントを開設し，店舗のコンセプトやメニューの情報を発信します。写真や動画を使ってビジュアルに訴求することで，訪れたくなる雰囲気を演出します。特にハッシュタグを活用し，店舗の特長を伝えやすくする投稿を心がけましょう。
- **キャンペーンの実施：**
    - フォロワー向けに割引やプレゼントキャンペーンを実施することで，SNS 上での絆や関係性を高め，来店を促す効果があります。例えば，特定のハッシュタグを付けて投稿した人に割引を提供するなどの施策が考えられます。

顧客体験を高めるサービスとフィードバックの活用

　カフェのリピーターを増やすためには，顧客満足度（CS）を高めるサービスが欠かせません。

- **顧客体験の向上：**
    - フレンドリーな接客や，ドリンクの提供にさりげないカスタマイズを取り入れることで，顧客に好印象を与えます。例えば，常連顧客には好みのドリンクを事前に把握しておくなど，パーソナライズされたサービスが喜ばれるでしょう。
- **フィードバックの収集と改善：**
    - アンケートや SNS でのフィードバックを定期的にチェックし，

サービス改善に反映させることが顧客満足度向上に繋がります。顧客からの意見を真摯に受け止め，改善に努める姿勢は信頼を生む要因となります。

リピーターを確保するための施策

リピーター獲得には，インセンティブを提供することが有効です。

・ポイントカードや会員特典：
　・来店ごとにポイントを貯め，一定数に達したら割引や無料ドリンクを提供することで，顧客の再来店を促します。また，会員登録を行った顧客に特別なオファーや情報を提供することで，ロイヤルティ（忠誠心）を高めることも効果的です。

・イベントやワークショップの開催：
　・地元のコミュニティと連携したイベントやワークショップを開催することで，顧客が店舗に親しみを感じ，リピーターにつながります。特に，季節ごとの特別なイベントや地域の文化を取り入れた企画は，顧客に新たな体験を提供し，再訪を促進します。

オンライン予約やデリバリーの導入

カフェの集客戦略には，オンライン予約やデリバリーサービスの導入も重要です。

・オンライン予約システム：
　・予約ができるシステムを導入することで，特にランチタイムや週末の混雑時に顧客の利便性を向上させることができます。事前に席を確保できることで，来店意欲が高まります。

・デリバリーサービスの強化：
　・デリバリーの需要が高まる中，自店舗のメニューをデリバリーに対応させることで，来店以外の集客チャネルを開拓します。Uber Eatsや出前館などのプラットフォームを利用することで，

より多くの顧客にアプローチできます。

集客戦略と顧客維持は，カフェの成功に不可欠な要素です。SNSを活用した広報，顧客体験の向上，リピーターを確保するための施策を効果的に実施することで，顧客の心をつかみ，安定した経営を実現することが可能となります。また，オンライン予約やデリバリーの導入を通じて，より多くの顧客にアクセスできる環境を整えることも重要です。

10．成功事例から学ぶカフェ運営のポイント

カフェ運営において成功した事例を参考にすることで，自店舗の運営戦略に役立てることができます。ここでは，人気のカフェや大手チェーンの成功要因を分析し，学びを深めていきましょう。

スターバックスの成功戦略

スターバックスは，サードプレイス（家庭や職場以外の居心地の良い空間）を提供することで多くの顧客に支持されています。以下のポイントがその成功を支えています。

- パーソナライズされたサービス：
  - スターバックスでは，顧客が自分の好みに応じたカスタマイズを行うことができるため，個々のニーズに応えられる点が魅力です。バリスタが顧客の名前を覚えることで，リピーターを増やし，顧客とのつながりを深めています。
- 季節ごとのプロモーション：
  - 季節限定メニューやイベント（例：ハロウィンやクリスマスなど）の導入により，リピーターの来店を促す戦略が効果的です。これにより，新たな体験を提供し，顧客の興味を引き続けています。

ドトールのターゲット戦略

　ドトールコーヒーは，ビジネスパーソンや通勤客をターゲットにしたメニューやサービスで，固定客を獲得しています。

- **高回転率のメニュー構成：**
  - 朝のモーニングやランチを中心に，短時間で食事を提供できるメニュー構成にすることで，忙しい顧客のニーズに応えています。これにより，回転率を高めつつ，売上を安定させることができます。

- **価格設定の工夫：**
  - 手頃な価格で高品質のコーヒーを提供することにより，コストパフォーマンスの良さが評判を呼び，集客につながっています。特に，コーヒーと軽食を組み合わせたセットメニューが好評です。

おしゃれなカフェ事例

　近年，インテリアやメニューにこだわったおしゃれなカフェがSNSを中心に話題となっています。

- **SNS映えするデザイン：**
  - ヴィンテージ調のインテリアや手作りのデザートが評判のカフェは，写真映えを意識したデザインで集客力を高めています。特に，Instagramなどのプラットフォームを活用することで，自然な形での口コミ効果を生むことができます。

- **地域密着型のアプローチ：**
  - 地元の特色を活かしたメニューやデザインを取り入れることで，地域の人々に親しまれる存在となります。また，地域のイベントに参加することで，地元コミュニティとのつながりを強化し，リピーターを増やす施策も有効です。

継続的な成長に必要な要素

カフェ運営の成功には，以下のポイントが重要です。

- 柔軟なメニュー構成：
  - 季節やトレンドの変化に合わせてメニューを見直し，常に新鮮な印象を与えることが大切です。トレンドを把握し，迅速に反映させる能力が競争力を高めます。
- フィードバックを生かした改善：
  - 顧客の意見を積極的に取り入れることで，常に魅力的なサービスを提供し続けることが可能です。定期的なアンケートやSNSでの反応をチェックし，サービス改善に努めましょう。
- ロイヤルティプログラムの導入：
  - スタンプカードやポイントの活用で，顧客に「また行きたい」と感じてもらう仕組みを作ります。リピート客を増やすためには，顧客とのつながりを意識的に築くことが求められます。

成功事例から学ぶことで，自店舗の運営戦略に活かすことができます。スターバックスやドトールのような大手チェーンの成功要因を分析し，地域密着型のカフェがSNS映えを意識した運営に取り組むことで，独自の強みを生かしたビジネスモデルを構築できます。柔軟性を持ったメニューの展開や顧客の声を重視する姿勢が，持続的な成長につながるでしょう。

11．開業準備とオープン日

カフェの開業に向けた準備は，成功のための重要なステップであり，多岐にわたる作業が求められます。特にオープン日を決定する際には，地域のイベントや祝日，季節などを考慮に入れ，集客が見込めるタイミングでのオープンを計画することが重要です。これにより，初日の集客

を最大化し，顧客の関心を引きつけることができます。

オープン前の準備とリハーサル

プレオープンの実施

　正式なオープン前にプレオープンを行うことで，実際の運営を試すことができます。プレオープンでは，招待客を呼び，サービスの流れやスタッフの連携を確認します。友人や家族，地元のコミュニティメンバーを招待することが一般的です。この段階でのフィードバックは非常に貴重であり，問題点を洗い出すための良い機会です。例えば，提供するメニューの反応や，顧客サービスの質，店舗の雰囲気について意見を聞くことで，正式オープンに向けた改善点を見つけ出すことが可能です。

初日のプロモーション

　オープン日に特別なプロモーションを設けることで，初回の顧客を獲得します。例えば，先着100名にドリンクサービスや割引券を配布することで，集客効果を高めることが期待できます。また，オープン日限定の特別メニューを用意することで，話題性を生むことも重要です。オープニングイベントとして，ライブ音楽やアート展示を企画することで，地域の人々を引き寄せ，訪問を促進することができます。

運営マニュアルの整備

　オープンに向けて，スタッフが一貫したサービスを提供できるように，運営マニュアルを整備します。このマニュアルには，業務の流れや顧客対応の方法，各種手続きの詳細が含まれるべきです。特に，新規スタッフのためのトレーニングプログラムを設け，サービスの標準化を図ることが重要です。事前にリハーサルを行い，スタッフ全員が役割を理解し，スムーズに運営できる体制を整えます。

開業後のアフターケア

顧客からのフィードバックの重要性

　開業後は，顧客からのフィードバックを反映させながら，メニューの改善やサービスの向上を図ることが不可欠です。開業直後は多くの顧客が来店するため，彼らの意見を積極的に収集し，何が良かったのか，何を改善すべきかを把握することが重要です。ウェブアンケートや店舗での口頭での意見収集など，さまざまな方法で顧客の声を取り入れましょう。

メニューの定期的な見直し

　顧客のニーズやトレンドは常に変化します。開業後数カ月の間に集めたフィードバックをもとに，メニューの見直しを行います。この際のポイントは売れ筋と死に筋のメニューの把握です。ABC分析を用いて，売上高や粗利益率などからメニューをランク分けし，特に売り上げ全体の10％未満のCランクメニューを改廃していくことが大切になります。また，季節ごとに特別メニューを導入することで，顧客の興味を引き続けることができます。また，地域のイベントや文化に合わせたメニューの導入も，顧客の再訪を促す要素となります。例えば，地元の特産品を使用したメニューや，行事に関連する特別メニューを企画することが効果的です。

販売・営業戦略の優先順位を決める

　POSデータの活用とABC分析により，メニューの販売動向を日々追っていくことは事業継続の上でとても大切です。Aランクの中でも特に重要度の高い高粗利メニューをいかに売り込むか，あるいは粗利率の低いメニューの原価見直しは課題になります。店長の勘で判断するのではなく，データや営業方針に基づいた戦略が必要であり，優先順位を決めることが店全体の利益を向上させる鍵になります。優先順位の決定

で，食材の仕入れや在庫管理も変わってきます。Cランクや重要度の低いメニューの見直しにより過剰仕入れやロスを抑制できるメリットがあります。もちろん，売れ筋メニューの把握で，人気のあるメニューを看板メニューに育てていくことも集客面で大切です。

図表5－3　売上高を基本にしたABC分析

Aランク	・売上全体の70％を占める売れ筋メニュー群 ・常に提供できるように準備し，売り切れは厳禁 ・粗利益もあわせて把握し，高粗利メニューをさらに売り込む
Bランク	・売上全体の20％程度のメニュー群 ・対応次第ではAランクにもCランクにもなるため，Aランクに近いメニューは販売促進を強化したい
Cランク	・売上全体の10％未満のメニュー群 ・売れていないメニューなので，放置していると食材のロスが店舗の利益を押し下げかねない ・直ちにメニューの改廃の手を打つべき

サービス向上に向けた継続的なトレーニング

　スタッフの教育も，開業後の重要な活動です。定期的なトレーニングを通じて，サービスの質を保ち，向上させるための取り組みを行います。特に，カフェの雰囲気や顧客の体験に影響を与える要素について，スタッフ間での意見交換やフィードバックを活用します。チームビルディングの活動やスタッフ同士のコミュニケーションを促進するイベントも有効です。

コミュニティとの関係構築

　開業後は，地域との関係を深めるための活動にも力を入れましょう。地域のイベントやフェスティバルに参加したり，地元の生産者とコラボレーションして特別メニューを提供したりすることで，カフェの認知度を高めることができます。また，地元のビジネスとの連携を強化し，相互に集客効果を高めることも効果的です。地元の学校や団体とのコラボ

レーションイベントを通じて，地域のコミュニティに根ざしたカフェとしての位置づけを確立しましょう。

リピーター獲得のためのインセンティブ

リピーターを増やすためには，顧客に再来店のインセンティブを提供することが有効です。ポイントカードや会員特典，特別キャンペーンを導入することで，顧客の再訪を促進します。また，定期的な顧客向けのイベントやワークショップを開催し，顧客にとっての特別な体験を提供することもリピーター獲得につながります。

12. カフェの収益モデル

カフェの収益モデルを理解することは，開業後の安定した経営を実現するために不可欠です。このモデルでは，売上，コスト，利益の構造を明確にし，健全な収益性を確保するためのポイントを探ります。

収支計画書のモデル概要

以下の仮定を基に，カフェの収益モデルを考えます。

- ・前提条件
  - 月間売上：375万円
  - 営業日数：25日（月平均）
  - 1日あたり売上：15万円
  - 客単価：1,000円
  - 1日来客数：150人

年間売上

- ・年間売上は，月間売上375万円×12カ月＝4,500万円です。

コスト内訳（年間）

(1) 原材料費（フードコスト）：30％
 ・4,500万円×0.30 = 1,350万円
(2) 人件費：30％
 ・4,500万円×0.30 = 1,350万円
(3) 家賃・光熱費：約18.6％
 ・家　賃：55万円×12カ月 = 660万円
 ・光熱費：15万円×12カ月 = 180万円
 ・合　計：840万円
(4) その他固定費：5％
 ・広告宣伝費，消耗品費，保険料など
 ・4,500万円×0.05 = 225万円

合計コスト

・1,350万円（原材料費）＋1,350万円（人件費）＋840万円（家賃・光熱費）＋225万円（その他固定費）= 3,765万円

営業利益

・売上4,500万円－合計コスト3,765万円＝営業利益735万円

営業利益率

・営業利益735万円÷売上4,500万円×100＝営業利益率 約16.3％

各項目の詳細と収益性向上のポイント

(1) **原材料費管理（30～35％）：**

　カフェでは，コーヒーやドリンクの原価率が低く，フードの原価率が高くなる傾向があります。仕入れの見直しや売れ筋メニューを増やすことで，フードコストの管理を徹底します。特に，季節ごとのメニューやプロモーションを活用して，原材料の無駄を減らす工夫が求められます。

(2) 人件費の効率化（30%）：

　人件費はカフェの大きなコスト項目です。業務効率化やシフト管理を徹底することで，売上に対する比率を抑え，1日あたりの顧客数や提供スピードを改善します。また，従業員の教育やモチベーション向上が，サービスの質を向上させる鍵となります。

(3) 家賃と光熱費の最適化（15〜20%）：

　家賃交渉やエネルギー消費を抑える対策（LED照明，機器の節電設定など）でコスト削減を行い，安定した利益を確保します。特に，開業前に物件選定を慎重に行うことで，初期投資を抑えつつ立地条件を最大限に活用します。

(4) 広告宣伝費・消耗品費など（5%）：

　集客力向上に向けたSNS活用や，リピートを促すプロモーションを展開しつつ，不要な出費を抑えることが重要です。効果的なマーケティング戦略により，顧客を引き寄せる仕組みを構築します。

　このモデルで示されるように，営業利益率15%超を達成するには，売上とコストのバランスを取ることが重要です。特に，原材料費や人件費を効果的に管理し，顧客満足度を高めるサービスを提供することで，リピーターを増やし，安定した収益を確保することができます。また，適切な価格設定やプロモーション戦略も，長期的な経営の成功につながるでしょう。

【本章のまとめ】

　第 5 章「飲食店（カフェ）開業の流れ」では，飲食店を開業するための具体的な手順や注意点が詳述されています。まず，開業に向けた準備として，市場調査やターゲット顧客の明確化が重要です。競合分析を通じて，どのような独自性を持たせるかを考え，ビジネスモデルを確立します。

　次に，物件の選定が行われます。立地は集客に大きく影響するため，交通の便や周辺の競合状況を考慮しなければなりません。物件が決まったら，内装や設備の設計に進み，厨房や客席のレイアウトを決めます。この段階では，予算管理も非常に重要です。

　開業準備が進む中，必要な許可や免許の取得も欠かせません。飲食業は衛生管理が厳格に求められるため，食品衛生責任者の資格取得や，食品営業許可の申請が必要です。また，従業員の採用と教育も開業準備の一環として行います。顧客へのサービスを向上させるため，接客や調理の研修を実施することが求められます。

　最後に，開業日を迎えた際には，広告やプロモーション活動を通じて顧客を呼び込む準備も整えておく必要があります。SNS を利用した情報発信や，開店イベントを企画することで，開業当初からの集客を目指します。

　この章では，飲食店開業に関する流れを包括的に説明し，実際に開業を考えている人にとっての具体的なガイドラインを提供しています。全体を通して，成功する飲食店経営に必要な要素が明確に示されており，読者は実践的な知識を得ることができます。

―― ホームワーク ――

1. 自分が開業したいと思う飲食店のアイデアを考え，その概要を400～500字でまとめる。
   - 自分が開業したいと思う飲食店のコンセプト，ターゲット層，メニュー，立地などを考えます。
   - それを400～500字でまとめ，レポートにします。

2. 飲食店開業に必要な初期投資費用や運転資金の目安を調べ，簡潔にまとめる。
   - 飲食店開業に必要な初期投資費用（例：設備費，内装費，広告費）や運転資金（例：家賃，人件費，仕入れ費用）を調査します。
   - それぞれの費用の目安を簡潔にまとめます。

3. 開業支援プログラムや助成金について調べ，自分が利用できる制度をリスト化する。
   - 飲食店開業を支援するプログラムや助成金（例：自治体の支援，商工会議所のプログラム）を調査します。
   - 自分が利用できる制度をリスト化し，レポートにまとめます。

流行るカフェ×〇〇

カフェ業界は単なる飲食の提供を超え，消費者に新たな体験や価値を提供する場へと進化しています。特に「カフェ×〇〇」という形で，異なる業態やテーマを融合させた新しいスタイルのカフェが次々と登場し，注目を集めています。

カフェとコワーキングスペースの融合

例えば，福岡市の「the from 昭和通り店」は，カフェの居心地とワークスペースの機能性を見事に融合させた次世代型コワーキングスペースです。快適なオフィス環境を提供しつつ，リラックスできるカフェスペースやバーも併設しており，地域特性を生かしたインテリアが訪れる人々を魅了しています。このカフェでは，仕事の合間に無料のベーグルやカヌレを楽しむことができ，まさに「働きやすさ」と「居心地の良さ」を両立させた空間が実現されています。

健康志向と地域貢献のカフェ

「alt.coffee roasters 石清水八幡宮店」では，健康志向のヴィーガンフードと香り高いドリップコーヒーを楽しむことができます。このカフェは，国産食材を用いたメニューが特徴で，生産者や環境への配慮が感じられます。愛犬と過ごせるスペースも設けられており，ペットフレンドリーな環境も魅力の一つとなっています。

科学とカフェの新しい出会い

量子技術を活用した「amanoen」では，体に優しいフードメニューと共に，量子力学を応用した新感覚の体験が提供されています。「FINETUNING」という技術を通じて，素材本来の力を引き出し，リラックスしたひとときを過ごすことができます。週末には多彩なテーマのワークショップが開催され，訪れる人々にとって新たな学びの場ともなっています。

ワーケーションに最適なカフェ

　愛知県の「セルフカフェ瀬戸岩屋堂店」では，国定公園内でのワーケーションが可能です。飲み物を購入すれば，時間無制限でWi-Fiや電源を利用でき，仕事や勉強に最適な環境が整っています。コーヒーが苦手な人でも楽しめる多様なドリンクメニューが揃っており，幅広いニーズに応えることができるのです。

未来のカフェ文化

　このように，カフェ業界は流行を追い求めるだけでなく，消費者の多様なライフスタイルに寄り添った新たな価値を提供する方向へと進化しています。「カフェ×○○」のスタイルは，今後も多様な形態が増え，より豊かなカフェ文化を育んでいくことでしょう。私たちが期待するのは，そんな新しいカフェの誕生です。

（参考文献）
『月刊飲食店経営』2024年8月号「特集─カフェ×○○で進化が加速─カフェ業界の新提案に迫る」

第6章
外食の歴史

　日本の外食産業は，1970年を「外食元年」として急激な成長を遂げました。それ以降，バブル経済期の市場拡大，バブル崩壊後の市場縮小，そして近年の多様化という波を乗り越えて進化してきました。その変遷の背景には，消費者ニーズの変化や社会的な課題が常に存在していました。

　本章では，日本の外食産業の歴史を，成長期，成熟期，そして現在に至るまで時代ごとに整理します。また，各時代のトレンドが業界に与えた影響についても考察し，現代の外食産業におけるヒントを探ります。

1．1970年は外食元年

　1970年，日本は大阪万博を開催し，国内外から多くの人々が訪れました。このイベントは，日本の外食文化の転機となり，万博会場には多様な飲食店が出店され，訪れた人々が自由にさまざまな料理を楽しめる体験を提供しました。この年は，外食産業が日本の社会文化に深く根付き始めた重要な年であり，「外食元年」と称されます。この時期には，米国のファストフードチェーン「マクドナルド」が日本に参入し，1971年に東京・銀座にオープンした1号店は，わずか60秒で提供されるハンバーガーというスピードと新しい食文化が注目を集めました。日本マクドナルドは，創業から1年間で1億円の売上を目指した「1億円プロジェクト」に取り組み，外食業界に革新をもたらしました。

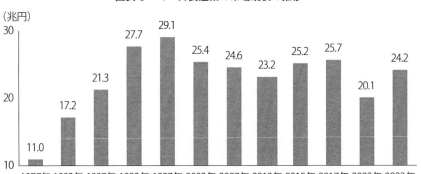

図表6－1　外食産業の市場規模の推移

出所：（一社）日本フードサービス協会による統計

2．1970年以前と以降の変化

　1970年以前，日本の外食産業は料亭や旅館といった高級店が中心であり，一般的な家庭で日常的に外食を利用する機会は少なく，特別な日

図表6-2 日本の食文化の進化

に利用されることが主流でした。しかし、高度経済成長期を迎えると、賃金をもらう労働人口の増加や都市化の進展に伴い、家族構成やライフスタイルが変わり、家庭外で食事をすることへの需要が高まりました。都市部を中心に「吉野家」や「すかいらーく」といったチェーン店が登場し、手軽で安価に食事を楽しめる場が増えました。特に「吉野家」は1972年に「早い、安い、うまい」というスローガンを掲げてビジネスマンや学生層に支持を集め、外食がより日常的な選択肢として受け入れ

られていきました。

3．外食の勃興期：チェーン展開の拡大

　1970年代から1980年代初頭にかけ，ファストフードやファミリーレストランチェーンが急速に広がり，日本の外食産業は発展の勢いを増しました。米国から進出したマクドナルドやケンタッキー・フライド・チキン（KFC），国内発の「すかいらーく」などのチェーンが都市部での店舗拡大を続け，外食の選択肢が一気に広がりました。また，国内のファミリーレストラン業界では，「すかいらーく」が家族向けのサービスと多様なメニューで人気を集め，1号店の開業から10年以内で200店舗以上を展開しました。チェーン展開の普及により，安定した価格と品質が提供されるようになり，外食が日常生活に欠かせない存在へと成長しました。

4．成長期：1980年代の外食市場拡大

　1980年代，日本の外食産業は本格的な成長期に突入しました。この時期，外食の主要顧客である共働き世帯や核家族の増加が進み，家庭での調理時間が減少する中で，外食が手軽で便利な選択肢として定着していきました。また，1985年のプラザ合意による円高が背景となり，外食産業には多様な海外料理が流入し，国際色豊かなレストランが増加しました。この時期にはファミリーレストランチェーン「サイゼリヤ」や「デニーズ」が人気を集め，低価格で多様な料理を提供する店舗がファミリー層から学生層まで幅広い支持を得ました。「吉野家」は店舗数を500店舗以上に拡大し，牛丼の提供スピードと低価格で外食市場を牽引しました。

5. バブル経済期:外食業界の高級志向

　1980年代後半,日本はバブル経済の絶頂期に入り,外食産業も高級志向が強まりました。フレンチやイタリアンの高級レストランが登場し,消費者は食事を通じて「特別な体験」を楽しむようになりました。レストランの内装や接客もこだわりが求められ,食事そのものだけでなく,体験全体の価値が重要視されるようになりました。

　一方で,ファミリーレストランや居酒屋チェーンも増え,「ジョナサン」や「びっくりドンキー」といった大手チェーンが都市部を中心に拡大。企業の接待需要も増え,飲食店の売上が急成長しました。このように1980年代後半から1990年代初頭にかけては,さまざまな外食業態が共存し,消費者ニーズに応える多様な業態が揃う時代となりました。

写真6－1　アレフが展開する「びっくりドンキー」はワンプレートにハンバーグとサラダ,ご飯を盛り合わせたメニューで人気を集める

出所:びっくりドンキー公式サイト
https://www.bikkuri-donkey.com/

6. バブル崩壊と「失われた20年」

　1991年に始まるバブル崩壊は,日本経済に大きな影響を与え,外食業界も不況の波に飲まれました。景気低迷により消費者は外食支出を抑

え，特に高価格帯の飲食店が苦境に立たされました。また，デフレの進行により低価格帯の外食チェーンが人気を集め，「サイゼリヤ」や「松屋」が業界内で存在感を強めました。松屋は「牛めし280円」といった戦略的な価格設定で，多くの消費者から支持を集めました。

さらに，1990年代から2000年代にかけては，家庭で手軽に食事を取れる「中食市場」が拡大し，スーパーやコンビニエンスストアが総菜や弁当を充実させました。中食市場の成長により，外食産業は新たな競争相手と向き合うこととなり，価格戦略と品質の維持が重要な課題となりました。

7．資本や貿易の自由化と外食の国際化

2000年代に入り，資本市場の自由化とグローバル化が進む中で，日本の外食業界も国際化が進みました。1996年にはスターバックスが日本に初出店し，消費者に新しいコーヒー文化とリラックス空間を提供しました。スターバックスの成功は，タリーズコーヒーやドトールコーヒーといった国内カフェチェーンの成長にも影響を与え，日本の外食文化に「カフェ文化」を定着させました。

回転寿司の急成長も見逃せません。1990年代には「くら寿司」や「スシロー」といった回転寿司チェーンが登場し，手頃な価格で新鮮な寿司を提供することで消費者の支持を得ました。これにより，日本の食文化の中で寿司が日常的な外食メニューとして位置づけられるようになりました。

さらに，タイ料理やベトナム料理といったエスニック料理の人気も高まり，日本国内で異国料理が手軽に楽しめるようになりました。

8．2020年代の外食とデジタル化の進展

　2020年代，日本の外食産業は新型コロナウイルス感染症の影響で大きな変革を余儀なくされました。ソーシャルディスタンスの確保や営業時間短縮の中で，飲食店はデリバリーやテイクアウト対応を強化しました。多くの飲食店がオンライン注文を導入し，消費者が自宅で安全に食事を楽しむことができるようにしました。

　特に，ファストフードチェーンやファミリーレストランでは，Uber Eatsや出前館などの外部デリバリーサービスと提携し，新たな収益源を確保しました。日本マクドナルドホールディングスは，モバイルオーダーや店内タッチパネル端末などの導入を進め，待ち時間を短縮し，顧客の利便性を向上。ロイヤルホールディングスも「てんや」でフルセルフレジやライスロボを導入し，生産性と顧客の利便性を向上させています。

9．コロナによる外食市場への影響

　コロナウイルスの影響で，外食市場は大打撃を受けました。2020年の外食市場規模は約18兆円にまで落ち込み，前年の26兆円から大幅な減少を見せました。多くの飲食店が営業を停止または営業時間を短縮し，特に居酒屋や高級レストランなど，集客を重視した業態が苦境に立たされました。さらに，消費者の外出を控える心理が強まり，外食需要は減少。コロナ禍以前は繁盛していた飲食店も，急激に売上が落ち込む事態が相次ぎ，業界全体の経営基盤が揺らぎ，倒産や廃業が相次ぐ結果となりました。

10. 新しい外食スタイルの出現

しかし，コロナ禍の中でも新しい外食スタイルが生まれました。テイクアウトやデリバリーの需要が急増する中，飲食店はメニューを見直し，持ち帰りに適した商品を開発しました。また，キッチンカーやゴーストレストランの登場も相まって，外食の形態が多様化しました。特に，ゴーストレストランは，実店舗を持たず，オンラインデリバリー専用に運営される飲食店として注目されました。

写真6－2　コロナ禍を経てデリバリー需要が急速に高まった

出所：ウーバーイーツ公式サイト
https://www.ubereats.com/jp?msockid=21a1410770006b6921fa541e718b6a0d

11. デジタル化の進展と顧客体験の向上

デジタル化が進む中で，外食業界もスマートフォン（スマホ）アプリやウェブサイトを利用した予約・注文システムを導入する店舗が増えています。顧客はアプリを通じて事前に注文を行い，スムーズに受け取ることができるため，利便性が大幅に向上しました。また，購買履歴や嗜好データを基にしたパーソナライズされたサービスの提供が，顧客のリピート率を高める要因となっています。

12. サステナビリティへの取り組み

　2020年代に入ると，消費者の環境意識や健康志向が高まる中，外食業界もサステナビリティに配慮した取り組みを強化しています。サステナビリティとは，環境・社会・経済の3つの側面で持続可能な発展を目指す概念です。フードサービス業界では，地産地消や食品ロス削減，再生可能エネルギーの活用などの具体的な取り組みが重要視されています。

　例えば，スターバックスではリサイクル可能なカップやストローの導入を進め，プラスチック廃棄物の削減に取り組んでいます。また，すかいらーくグループなども地産地消を推進し，地域社会や環境への配慮を重視しています。健康志向に応えるメニューも増加し，低カロリーや低糖質などをうたったメニューも目立つようになりました。

13. コンビニエンスストアとショッピングセンターの競争環境

　2000年代から2020年代にかけて，外食産業はコンビニエンスストアやショッピングセンターの台頭と競争する構図が鮮明になっています。セブンイレブン，ファミリーマート，ローソンといったコンビニ各社は，独自の総菜や弁当，ドリップコーヒーサービスを提供し，昼食や軽食を手軽に購入できる中食市場を切り開きました。特に，コンビニ各社は24時間営業や全国展開により，消費者がいつでも利用できる利便性が強みとなり，外食業界の競争環境を大きく変える要因となっています。

　また，ショッピングセンターの増加も外食業界に影響を及ぼしています。「イオンモール」や「ららぽーと」といった大型ショッピングセンターでは，複数の飲食店を集めたフードコートが設置され，幅広い年齢層が利用できる環境が整っています。

14. 外食企業の栄枯盛衰

　日本経済新聞社の「日経MJ」が実施する飲食業調査では，1975年の第1回調査時に首位だった日本食堂を含め，上位10社はこの50年ですべて入れ替わっています（図表6-1）。経済成長とともに外食市場が拡

図表6-3　売上高ランキングの推移

第1回 飲食業売上高ランキング（1975年掲載）		
	社名（店名）	売上高
1位	日本食堂	309.2億円
2	ニュー・トーキヨー	146.6
3	養老商事（養老乃瀧）	146.0
4	北国商事（どさん子）	133.0
5	魚国総本社	130.0
6	レストラン西武	128.0
7	日本國民食	106.2
8	プリンスホテルグループ	105.5
9	鮒忠	97.8
10	聚楽	92.2

第30回（2004年）		
	社名	売上高
1位	日本マクドナルド	3866.8億円
2	すかいらーく	2808.7
3	ほっかほっか亭総本部	1973.6
4	日清医療食品	1366.0
5	モンテローザ	1324.3
6	ダスキン	1300.0
7	日本ケンタッキー・フライド・チキン	1273.5
8	ロイヤル	1219.7
9	本家かまどや	1208.5
10	モスフードサービス	1075.0

第10回（1984年）		
	社名（店名）	売上高
1位	日本マクドナルド	846.5億円
2	小僧寿し本部	680.5
3	すかいらーくグループ	676.6
4	ほっかほっか亭総本部	602.1
5	ダイエー外食事業グループ	571.9
6	ロイヤル	569.0
7	西武鉄道グループ外食部門	557.0
8	日本ケンタッキーフライドチキン	528.0
9	日本食堂	518.9
10	西武流通グループ外食部門（カーサ）	509.7

第40回（2014年）		
	社名	売上高
1位	日本マクドナルド	5044.5億円
2	ゼンショーホールディングス※	4190.7
3	すかいらーく	2885.1
4	日清医療食品	1919.5
5	プレナス	1850.0
6	モンテローザ	1453.6
7	日本ＫＦＣホールディングス	1321.7
8	あきんどスシロー	1185.1
9	エームサービス	1084.0
10	ダスキン	1030.0

第20回（1994年）		
	社名（店名）	売上高
1位	日本マクドナルド	2120.6億円
2	日本ケンタッキー・フライド・チキン	1348.0
3	すかいらーく	1332.2
4	ほっかほっか亭総本部	1304.5
5	モスフードサービス	1107.0
6	小僧寿し本部	1056.9
7	本家かまどや	1054.2
8	ダスキン（ミスタードーナツ）	997.4
9	ロイヤル	965.6
10	デニーズジャパン	926.7

第50回（2024年）		
	社名	売上高
1位	日本マクドナルドホールディングス※	7777.5億円
2	ゼンショーホールディングス※	6214.3
3	コロワイド※	3815.6
4	日清医療食品	3500.0
5	すかいらーくホールディングス※	3387.9
6	FOOD&LIFE COMPANIES※	2059.0
7	プレナス	2006.6
8	日本ＫＦＣホールディングス※	1760.4
9	くら寿司	1638.6
10	トリドールホールディングス※	1433.1

出所：『日経MJ』2024年7月15日付「外食衰退―10傑すべて交代―日経MJ飲食業調査に見る半世紀」

大する一方で，消費者の食の嗜好は多様化しています。

第1回調査で最も店舗売上高が多かったのは，売上高309億円の日本食堂でした。現在は，JR東日本クロスステーションとして駅そばや売店などを展開しています。

1984年の第10回調査では，日本マクドナルド（846億円）が首位に立ちました。日本マクドナルドは1971年7月20日に東京・銀座に日本1号店を開店し，若者を中心に受け入れられました。75年には全店売上高が1,000億円を突破するなど，国内での存在感を高めてきました。1994年（第20回）や2004年（第30回）も首位は日本マクドナルドでした。

2014年の第40回調査では，ゼンショーホールディングスが4,190億円で2位になりました。ゼンショーホールディングスは牛丼チェーン「すき家」を中心とする積極的な出店に加えて，ファミリーレストラン「ココス」や丼・うどん「なか卯」といったブランドの積極的な買収により，業界大手にのし上がったのです。

【本章のまとめ】

第6章では，外食産業の歴史を振り返り，その進化の過程を探りました。1970年の「外食元年」以降，経済の高度成長や都市化を背景に外食文化が急速に発展しました。この時期，ファミリーレストランやファストフードチェーンが登場し，手軽に食事を楽しむスタイルが定着しました。特にアメリカの影響を受けたファストフードは，日本の食文化に革命をもたらしました。

1980年代から1990年代にかけては，バブル経済により外食産業が拡大し，高級レストランや新業態の登場が相次ぎました。しかし，バブル崩壊後の「失われた20年」では業界全体が厳しい状況に直面し，消費者の節約志向が強まりました。多くの店舗が閉鎖に追い込まれ，業界再編が進みました。

2000年代に入ると，外食業界は再び変革の時を迎え，健康志向や食

の安全が重視されるようになりました。オーガニックや地産地消のメニューが注目され，デジタル化の進展によりテイクアウトやデリバリーの需要が増加しました。

　最近では，コロナ禍が業界に大きな影響を与え，業態の変化や新しい営業スタイルの模索が行われています。デジタルオーダーや非接触型サービスの導入が進み，業界は新たな課題と機会に直面しています。外食の歴史は，常に変化を求められ，時代のニーズに応じた適応力が重要であることを示しています。今後も外食業界は進化を続けることが求められるでしょう。

ホームワーク

1. 外食産業の歴史に関する文献を調べ，特に興味深かった時代について400字程度でまとめる。
   - 外食産業の歴史に関する文献を読み，特に興味深かった時代（例：戦後の復興期，バブル経済期）についてまとめます。
   - それを400字程度でレポートにします。

2. 自分の住む地域での外食業界の歴史を調査し，発展の要因を記述する。
   - 自分の住む地域の外食業界の歴史を調査し，主要な発展の要因（例：観光地の発展，人口増加）を記述します。
   - 調査結果をレポートにまとめます。

3. 歴史的な出来事が外食産業に与えた影響（例：1970年の外食元年，バブル経済）を考察する。
   - 歴史的な出来事が外食産業に与えた影響を調査し，その背景を考察します。
   - 例として，1970年の外食元年やバブル経済期の影響を取り上げ，レポートにまとめます。

第7章
外食業界の課題

　外食（フードサービス）産業は，現在，少子高齢化や人口減少，人手不足といった国内市場の課題に直面しています。さらに，原材料費やエネルギーコストの高騰，デジタル技術の導入の遅れも，業界全体の構造を揺るがしています。これらの課題に対して，企業は新しい発想と実践的な取り組みを求められています。

　本章では，外食産業が直面する課題を多角的に分析し，それぞれの背景を掘り下げます。また，成功事例や最新技術を活用した解決策についても言及し，外食産業の持続可能な未来を展望します。

1．人口減少と外食市場

　日本の人口は少子高齢化の影響を受けて急速に減少しています。2025年1月1日の時点で，日本の総人口は約1億2,359万人ですが，2008年のピーク時から400万人以上減少しています。この人口減少は，外食市場にも深刻な影響を及ぼしています。特に生産年齢人口（15歳から64歳までの年齢層）の減少が顕著。この層の人口が減少することは，ファストフードや居酒屋などの業態にとって痛手となります。つまり，消費の担い手が減少することで，外食市場全体の需要も縮小しつつあるのです。

　また，高齢者の割合も増加しています。2024年では65歳以上の高齢者が全人口の約29％を占めています。高齢者は食の嗜好が若年層とは異なり，外食頻度が減少する傾向にあります。特にファミリーレストランや居酒屋といった業態は，高齢者に適したメニューやサービスを提供しなければ存続が難しくなっています。顧客層の高齢化は外食業界は新たな戦略を求めています。

　外食市場の縮小は，ビジネスモデルの見直しを促しています。例えば，業態を若者向けから高齢者向けにシフトさせるためのメニュー開発や，地域密着型のサービス提供が求められています。さらに，消費者のニーズに対応するために，食材の調達や仕入れ方法を再検討し，質の高いサービスを維持するための取り組みが重要です。

　高齢者層に向けたマーケティング戦略も不可欠です。外食店は，地域の高齢者に対して親しみやすい環境を整え，外出を促すようなプロモーションを行う必要があります。健康志向のメニューを提供し，栄養バランスに配慮した食事を提案することも一つの来店促進施策になります。

　人口減少と高齢化は外食業界に多くの課題をもたらしていますが，これを逆手に取ったビジネスチャンスとも捉えられます。高齢者に配慮した新たなサービスの開発や，地域密着型の戦略を展開することで，外食

図表７−１　人口の推移（過去〜将来）

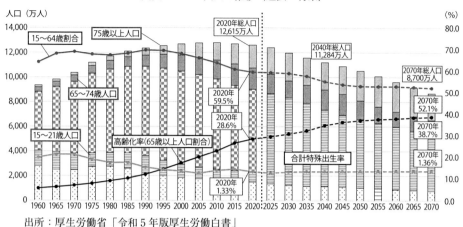

出所：厚生労働省「令和５年版厚生労働白書」

業界は持続可能な成長につなげるべきです。

２．所得格差の拡大と中間層の減少

　所得格差の拡大は，日本社会における重要な課題の一つです。特に，中間（所得者）層の減少は顕著であり，年金生活者や非正規雇用層が増加する中で，外食にかける可処分所得が限られる傾向があります。駒沢大学の田中聡一郎准教授の研究によると，2000年時点では中間層が約59％を占めていましたが，2015年には約57％に減少しています。このような変化は，外食市場にとって大きな影響を及ぼしています（日本経済新聞2023年3月16日付朝刊）。

　年金生活者は，定期的な収入が限られているため，外食にかける支出を抑えがちです。また，非正規雇用の増加は，低賃金であるために食事にかける予算が少なくなる要因となっています。こうした背景から，外食業界は来店頻度の減少に直面しています。中間層が減少することで，飲食業界は収益の確保が難しくなり，収益基盤を再構築するためのビジネスモデルの転換が求められています。

図表7-2 所得金額階級別世帯数の相対度数分布

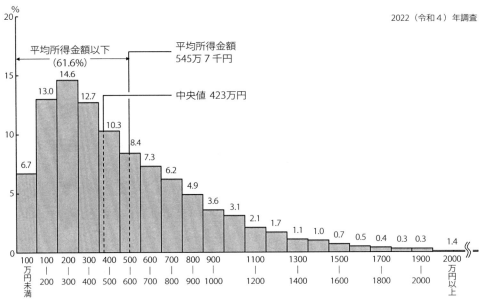

出所：厚生労働省「2022（令和4）年 国民生活基礎調査の概況」

　生活者が外食を控えかねない状況の中で，外食業界はコストパフォーマンスの良いメニューを提供し，価格に敏感な層をターゲットにする必要があります。例えば，プロモーションや割引キャンペーンを活用して，集客を図ることが重要です。また，地域住民との連携を強化し，地元の特産品を使ったメニューを展開することで，消費者の興味を引く戦略が考えられます。

　さらに，顧客のニーズに応じた柔軟な営業戦略が必要です。例えば，家庭での食事が増える中で，テイクアウトやデリバリーの需要が高まっています。これに対応したメニューやサービスの提供を進めることで，消費者の心をつかむ工夫が大切になります。

　所得格差の拡大は，外食業界にとって大きな試練です。しかし，コストやオペレーションの見直しで柔軟に対応し，新しい顧客層をターゲットにした戦略を展開することが求められています。市場環境の変化を敏

感に察知し，ビジネスモデルを再構築することで，持続可能な成長を実現する道が開かれるのです。

3．地方での需要低下と店舗運営

　日本の地方部では，人口減少と高齢化が進行しており，外食需要の低下が顕著です。特に過疎化が進む地域では，顧客基盤の確保が難しく，外食店舗の維持が困難な状況です。総務省のデータによれば，特定の地方自治体は消滅する可能性も指摘されており，これに伴い飲食業者は店舗運営を見直す必要があります。

　地方の外食店舗は，客数の減少に加え，物理的なアクセスの問題や労働力不足にも直面しています。地方自治体は食文化の振興や観光資源の活用に取り組んでいますが，それでも収益基盤の確保が難しいのが実情です。特に，地方の飲食業では地域特有の食材を活用することで，観光客の集客や地元住民へのアプローチが重要です。

　具体的には，地域の農産物を使った料理や地元の文化を反映したイベントなどを通じて，地域コミュニティとの連携を強化することが，消費者に対する魅力的な提案となります。また，観光地での特別メニューや地域にちなんだ飲食イベントの開催が，地方の飲食業を活性化する手段となります。

　ただ，これらの取り組みには一定のコストが伴います。外食店舗の運営者は，限られたリソースをどのように活用するかを考える必要があります。特に，労働力不足が深刻な地方では，少ないスタッフでの運営を強化し，効率的な業務プロセスを構築することが求められます。地域特有のニーズに応じたサービスや商品の提供を通じて，地方外食業の持続可能な発展を目指す必要があります。

4．労働力不足と業務の効率化

　外食業界は，慢性的な人手不足に直面しています。厚生労働省の調査によると，外食産業の求人倍率が全国平均で高く，特に地方ではそれ以上の高い地域も存在します。このような状況では，店舗の営業時間短縮や営業日数の削減を余儀なくされ，店舗運営に大きな影響を与えています。

　慢性的な人手不足は，飲食業界の成長を妨げる大きな要因となっています。多くの企業は，労働条件の改善や給与の引き上げを図っていますが，これでも解決には至っていません。業界の特性上，長時間勤務や厳しい労働環境が続いているため，若年層の離職が多くなっています。また，コロナによるパンデミック後の社会の変化も影響を及ぼし，多くの人が外食業界から離れる傾向にあります。

　人手不足に対して，多くの企業はAIやロボットの導入による効率化を図るようになっています。セルフレジの導入や調理ロボット，自動配

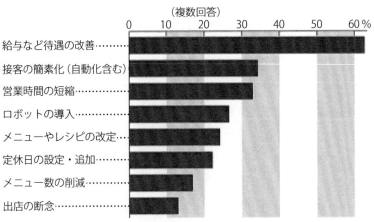

図表7－3　人手不足に起因（一部起因も含む）して2023年度から実施している施策

出所：『日経MJ』2024年6月23日付

膳システムなど，テクノロジーを駆使することで業務の効率化を進めているのです。しかし，これらの技術導入には初期投資が必要であり，特に中小規模の外食事業者にとっては導入のハードルが高いとされています。このため国や自治体など公的な支援が必要になっています。

　労働環境の改善も課題です。フレックスタイム制度（一定期間の総労働時間を定めておき，従業員がその範囲内で日々の始業時刻と終業時刻，労働時間を自分で決める制度）や福利厚生の充実を図る企業も増えており，特にスタッフのライフスタイルに合わせた働き方が提案されています。また，ITを活用して業務効率を向上させる取り組みも進行中です。

　今後は，労働力不足に対処するために，外国人労働者の受け入れも視野に入れる必要があります。多様なバックグラウンドを持つスタッフが加わることで，サービスの質を向上させることが期待される一方で，外国人労働者を受け入れる際には，文化の違いやコミュニケーションの課題も考慮する必要があります。これらを克服するための教育や研修も重要な要素です。

5．外国人労働者の活用

　日本の外食産業は，少子高齢化の進行や労働力不足が深刻な課題となっています。特に，2020年の新型コロナウイルス感染症の影響により，業界は大きな打撃を受け，労働環境や人手不足が一層顕在化しました。日本政府は外国人材の受け入れを進める方針を打ち出しており，外食業界でもその活用が急務となっています。

　外国人材の受け入れに関しては，特定技能制度や技能実習制度（育成就労制度に変更），留学生の就労など，さまざまな制度が設けられています。特に特定技能制度は，特定の職種において必要なスキルを持つ外国人が日本で働くための制度であり，外食業界もこの制度を積極的に活用しています。この制度では，外国人が一定の日本語能力と専門的な技能

を有していることが求められ，外食業界の即戦力としての位置づけがされています。

　外国人労働者は，業界に多様性をもたらすだけでなく，地域密着型のサービスを提供することができます。例えば，アジアやヨーロッパからの外国人がそれぞれの文化や食文化を持ち込むことで，メニューの多様化や新たな顧客層の開拓が期待されます。さらに，外国人労働者の存在は，言語の壁を超えてコミュニケーションを促進し，国際的な視野を持ったサービスの提供を可能にします。

　ただ，外国人材の受け入れには課題も伴います。企業は，外国人労働者が安心して働ける環境を整えることが求められます。具体的には，日本語教育や文化理解を促進するための研修を提供し，労働条件の整備を行うことが重要です。また，企業側は外国人労働者とのコミュニケーションの円滑化を図るため，適切なマネジメント体制を築く必要があります。

　実際に，いくつかの企業では外国人材の活用が成功を収めています。例えば，すかいらーくホールディングスでは，外国人スタッフを積極的に採用し，多言語での接客やメニューの紹介を行っています。これにより，インバウンド需要の高まりに対応し，訪日外国人客に対するサービ

図表7－4　外国人材を活用した日本の外食産業の強化

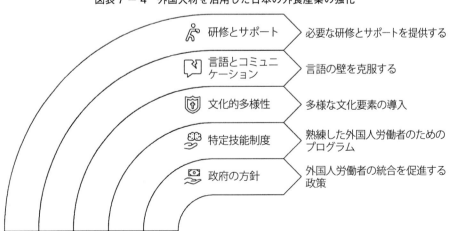

スの質を向上させることに成功しています。

　また，吉野家では，特定技能制度を利用して外国人調理師を受け入れ，伝統的な日本の料理を教えながら，現場のオペレーションの向上を図っている企業もあります。このような取り組みは，外国人材が外食業界に新たな風を吹き込むとともに，日本の食文化の継承にも寄与しています。

　今後，外食業界はますますグローバル化が進むと考えられ，外国人材の活用はさらに重要になるでしょう。持続可能な労働環境を整えることに加え，外国人労働者が安心して長期的に働ける職場づくりが求められます。このように，日本の外食産業が多様な人材を受け入れることで，さらなる成長と国際競争力の強化が期待されています。

　外国人労働者の雇用は，外食業界の人手不足を解消するための重要な施策の一つです。近年，さまざまな産業で外国人労働者の数は増加しており，2023年は前年比で約20％増えました。

　外国人労働者の雇用は，業界の多様性を高めると同時に，労働力を確保するための有効な手段となります。特に，接客業や調理業務においては，多言語対応が可能な人材の確保が重要です。観光客の増加やグローバル化が進む中で，外国人労働者の活躍の場は広がっています。

　一方で，外国人労働者に対する労働条件や福利厚生の充実が重要です。日本で働く外国人労働者にとって，生活環境や文化に適応することが求められます。企業が適切なサポートを提供することで，労働者の定着率向上にも繋がります。これにより，外国人労働者が安心して業務に従事できる環境を整えることが，外食業界の成長を促進する一因となるでしょう。

6. 低収益性からの脱却とデジタルトランスフォーメーション（DX）

　外食業界の低生産性は，主に労働集約型の業態であるため，労働力に依存する構造が影響しています。調理や接客業務においては，人的リソースが多く必要となるため，生産性の向上が難しいという現実があります。さらに，原材料費や人件費の高騰が続く中で，収益性を確保することがますます難しくなっています。

　価格競争の激化に伴い，外食企業はコスト管理の強化や効率化を図る必要があります。具体的には，原材料の調達戦略や人件費の見直し，在庫管理の徹底などが求められます。また，デジタル化やオートメーション技術の導入により，業務の効率化を進めることで，生産性を向上させる取り組みも重要です。

IT導入による業務効率化

　近年，外食産業ではIT導入が進み，業務効率が大幅に向上しています。例えば，大手ファミリーレストランチェーンでは，タブレット端末を用いた電子オーダーシステムを導入しました。このシステムにより，

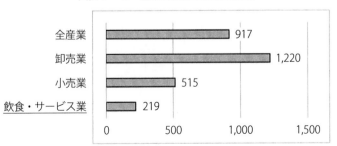

図表7－5　産業別労働生産性の比較

（注）従業員1人あたりの付加価値数（万円／年）
出所：経済産業省　2023年企業活動基本調査確報―2022年度実績―

スタッフは客席で直接オーダーを入力できるため，オーダー処理の時間が短縮され，オーダーの記入ミスも減少しました。実際，このシステムの導入によって顧客の待ち時間が約30％削減され，顧客満足度が向上しています。

さらに，顧客情報のデータベース化により，リピーターへの特別なアプローチやマーケティング施策の最適化が可能になり，売上の増加にもつながっています。例えば，顧客の嗜好に基づいた特別メニューの提供や，次回の来店時に使えるクーポンの配信などが行われており，これらの施策は実際にリピーターの増加を促進しています。デジタルトランスフォーメーション（DX）は業務効率の向上だけでなく，顧客体験の向上にも寄与し，外食産業の競争力を高める重要な要素です。

効率的な在庫管理の実現

外食産業における生産性向上には，在庫管理の効率化も重要です。多くの飲食店が直面する課題は，食材の無駄遣いや廃棄物の増加です。これを解決するためには，在庫管理システムの導入が効果的です。例えば，ある中規模の居酒屋チェーンでは，RFID（無線周波数識別）技術を活用して在庫管理を行っています。このシステムにより，食材の入荷から消費

図表7－6　外食産業の生産性向上

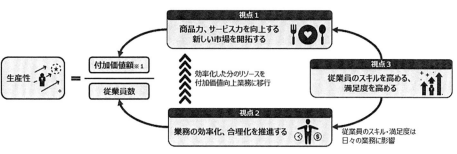

出所：農林水産省
https://www.maff.go.jp/j/shokusan/gaisyoku/seisanseikoujyou.html

までをリアルタイムで追跡し，過剰在庫を防ぐことが可能になりました。

在庫状況を常に把握することで，必要な食材を的確に発注でき，食材廃棄率を大幅に削減することを期待できます。実際，導入後には食材廃棄率が約30％減少し，コストの削減に成功しました。効率的な在庫管理は，企業の収益性を向上させるだけでなく，環境負荷の軽減にも寄与するため，持続可能な経営の一環としても重要です。

人材育成と研修プログラム

外食産業の生産性向上には，従業員のスキル向上が不可欠です。農林水産省が提供する研修プログラムを活用し，接客サービスや衛生管理に関する教育を受けた店舗が増えています。研修を通じてスタッフが衛生管理の重要性を理解し，顧客対応スキルを向上させることができた結果，ある飲食店では顧客満足度が向上し，リピーター率が15％増加しました。

衛生管理の改善により食中毒のリスクも減少し，顧客からの信頼が向上しました。具体的には，定期的な衛生チェックやクリンリネスの徹底を図ることで，店舗の清潔感が保たれ，顧客に安心感を提供することができています。

このように，人材育成に対する投資は長期的には企業の成長に貢献し，生産性向上の基盤を形成します。さらに，企業の成長は従業員のモチベーション向上にもつながるため，持続可能な業務運営に寄与するでしょう。

新たなビジネスモデルの構築

外食産業では，新たなビジネスモデルの構築が進んでいます。特に，デリバリーやテイクアウトサービスの拡充が注目されています。ある人気の寿司チェーンでは，デリバリーサービスを強化し，アプリを通じて顧客の利便性を向上させました。これにより，売上が増加し，特にコロ

ナ禍では新規顧客の獲得に成功しました。デリバリーサービスの強化により，来店しない顧客層を獲得することができ，売上の新たな柱が形成されています。

　サブスクリプション（定額制）モデルを導入する企業も増えています。定期的に食事を提供するサービスは，顧客の安定した収益源となり，事業の安定性を高める効果があります。特に，健康志向の高まりを受けて，糖尿病食などのヘルシーメニューを提供するサブスクリプションサービスが人気を集めています。このような新しいビジネスモデルの導入は，競争の激しい外食市場で生き残るための重要な戦略です。

デジタルマーケティングの強化

　DXの一環として，デジタルマーケティングの強化も重要な要素です。SNSやGoogleなどのオンラインプラットフォームを通じて，ターゲットとなる顧客層に直接アプローチすることで，集客を効率的に行うことが可能です。具体的には，SNSでのプロモーションやクーポンの配布，

図表7－7　ロイヤルホールディングスはグループ共通のポイントプログラムを導入した
　　　・アプリ画面のイメージ

起動時画面

ホーム画面

会員証画面

出所：ロイヤルホールディングスの2024年5月28日ニュースリリース

ユーザー生成コンテンツの活用が考えられます。

例えば，SNSでのキャンペーンを通じて，フォロワーに対する特別割引を提供することによって，オンラインでのブランド認知度を高め，店舗への来客を促進することができます。さらに，顧客の投稿を共有することで，ブランドのストーリーを広め，より多くの消費者にアプローチすることができるのです。このようなデジタルマーケティングの活用は，外食産業における新たな顧客の獲得と収益性の向上に寄与します。

7．原材料費の高騰と供給リスク

原材料費の高騰は，外食業界の収益性を低下させる大きな要因です。2024年には主要原材料の価格が約10％上昇した模様です。この背景には農業従事者の高齢化や減少，気候変動による異常気象の頻発，世界的な人口爆発に伴う食料需要の急増が挙げられます。

日本の農業従事者の平均年齢は67歳に達し，耕作放棄地の増加が進行しています。このような状況下で，外食企業は原材料の調達戦略を再考し，持続可能なビジネスモデルを構築する必要があります。また，温暖化による気候変動が農業生産に与える影響も深刻であり，干ばつや豪雨による生産不安定が続いています。こうした状況下で，食材の安定供給を確保するためには，国内農業の支援や輸入先の多様化が求められます。

世界的な人口増加に伴い，食料需要は急増しており，これは国際的な食材市場における競争を激化させています。特にアフリカや南アジアなどの発展途上国では，今後の人口増加が見込まれており，2030年には世界の人口が約85億人に達すると予測されています。この人口増加によって，食料の供給に対する圧力が高まり，国際的なサプライチェーンの不安定化が懸念されています。

農業従事者の高齢化は，日本国内の農業基盤を弱体化させます。若い

世代の農業従事者が不足しており，持続可能な農業生産を確保するためには，農業の魅力を高め，次世代の農業者を育成する取り組みが不可欠です。また，地元の食材を活用したメニューの提供や，地域の農業と連携したビジネスモデルの構築が，外食業界の持続可能性を高める鍵となります。

8．業界内における競争の激化

　外食業界は，業態選択が収益性に与える影響を受けています。特に，人気の業態が多く存在する中で，一部の高級レストランは売上が低迷しています。業態の見直しや質の高いサービスの提供が求められる中，外食企業は競争に打ち勝つための戦略を模索しています。

　競争が激化する中で，企業は独自性を打ち出し，差異化を図る必要があります。例えば，地域の特産品を活用したメニューや，グルメやヘルシー志向に応えるメニュー開発が注目されています。消費者のニーズに合わせたフレキシブルな対応が重要であり，トレンドの変化を迅速に察知し，商品を刷新することが求められます。

　また，飲食業界におけるデジタル化の進展も競争環境に影響を与えています。オンライン予約やデリバリーサービスの導入により，顧客の利便性を高めることが可能ですが，それに伴い競争も激化しています。多くの企業がデジタルマーケティングを駆使し，顧客との接点を強化しています。このため，企業はオンラインでのプレゼンスを高める努力が求められます。

　競争の激化に対して，企業はブランディング戦略の強化や，独自の価値提案を明確にすることが重要です。例えば，SNSを活用したプロモーションや，顧客の声を反映したメニュー開発が，競争力を向上させる要因となります。また，他業態とのコラボレーションやイベントの開催など，集客施策を多様化することも有効です。

外食業界の競争は厳しいものとなっていますが，消費者の多様なニーズに応じた柔軟な戦略を展開できるかが，持続可能な成長を左右します。

9．短命なブームへの適応

外食業界におけるトレンドの変化は，近年驚くほど短いライフサイクルで入れ替わるようになっています。特に2019年から2024年にかけて，トレンドのライフサイクル（寿命）は急速に短縮し，平均して約6カ月といわれる短期間で終息を迎えることが多くなりました。この現象は消費者の嗜好の多様化や，SNSなどによる情報流通のスピードアップが影響しています。

消費者は新しい情報や体験を常に求め，トレンドのサイクルに敏感である一方，その興味が長続きせず，短期間で次の流行に移行してしまう傾向があります。こうした状況下で，外食産業は短期的なブームに適応するだけでは長期的な安定収益を確保することが難しいという課題に直面しています。

持続可能なビジネスモデルを構築するためには，消費者のニーズやトレンドのライフサイクルを的確に把握し，柔軟に対応したメニュー開発やサービスの改善が求められます。SNSを活用したリアルタイムな情報発信や，リピーターを増やすための会員特典，ポイント制度の導入が効果的です。これにより，トレンドの移り変わりに過度に左右されず，消費者との長期的な関係構築が可能となります。

時代や流行のライフサイクルに依存しない「定番メニュー（多くの顧客が注文する人気メニュー）」の強化も，外食業界が持続可能性を確保するための重要な対策です。定番メニューは，消費者にとって安定感と信頼性の象徴であり，リピーターを引き寄せるうえで大きな役割を果たします。このように，外食業界は短命なトレンドに惑わされることなく，持続的な成長を目指す戦略を展開することが重要です。

10. 労働環境の改善と人材の定着

　外食業界の労働環境は，慢性的な人手不足や厳しい労働条件が問題視されています。この業界は特に長時間勤務や不規則なシフトが常態化しており，これが若者の離職を招く原因となっています。コロナによるパンデミック後の社会の変化も影響を与え，多くの人が外食業界から離れる傾向にあります。

労働環境の現状
　日本の外食業界は，長時間勤務や低賃金の職場環境が蔓延しており，特に若年層の就業意欲が低下しています。業界全体での平均時給は最低賃金を若干上回る水準。他の業種に比べて低いため，若者の就業選択肢から外食業界が選ばれにくくなっています。また，労働環境の厳しさから，特に新入社員の離職率が高く，3年以内に多くのスタッフが業界を去るという問題もあります。

労働環境改善への取り組み
　このような問題に対処するため，多くの企業がフレックスタイム制度の導入や福利厚生の充実を図っています。具体的には，スタッフがライフスタイルに合わせて働ける柔軟なシフト制度を導入し，労働時間の調整を可能にする取り組みが進められています。また，健康管理やメンタルヘルス支援のための施策も重要視されています。例えば，社員が定期的に健康診断を受けられる体制を整えることや，ストレス管理のためのカウンセリングサービスを提供することが考えられます。

　さらに，IT技術を活用した業務効率の向上も重要です。セルフオーダーシステムや自動配膳ロボットなどの導入により，スタッフの業務負担を軽減し，よりクリエイティブな業務に集中できる環境を整えること

ができます。また、デジタル技術の導入によって、業務の標準化や効率化が図られるため、業務全体の生産性が向上し、労働環境も改善されると期待されています。

離職率改善への施策

人材を定着させるためには、まず研修制度の充実が重要です。業務に必要なスキルを習得できる機会を提供することで、新入社員の不安を軽減し、早期に戦力として活躍できるようにサポートします。また、定期的な研修やトレーニングプログラムを通じて、従業員のスキル向上を図ることが求められます。

次に、キャリアパス（職歴の道すじ）の明確化が必要です。従業員が将来のキャリアをイメージできるよう、キャリアパスを明確にすることが重要です。定期的なキャリア面談を通じて、従業員の目標や希望を把握し、育成計画を策定します。

また、報酬制度の見直しも必要です。労働に見合った報酬を提供することで、モチベーションを高めることができます。成果に応じた報酬制度を導入し、努力が認められる環境を作ることが求められます。

さらに、福利厚生の充実も重要です。健康管理や生活支援のための福利厚生を整えることが求められます。例えば、旅行費用の補助やフィットネスプログラム、育児支援制度の導入などが考えられます。

企業が人材を定着させるための取り組みは、業績の向上にも直結します。企業の取り組みによって、従業員の帰属意識を高めることが重要です。

人材の定着促進は外食業界における重要な課題であり、企業はそのための具体的な施策を講じる必要があります。業界の持続的な成長を実現するためには、従業員を大切にし、魅力ある職場を提供することが求められます。

11.「賢い縮小」への対応

　人口減少と収益基盤の縮小が進行する中で，外食産業は「賢い縮小」を目指した持続可能な経営が求められています。外食業界が直面するさまざまな課題に対処するため，業態やサービスの見直しを行うことが不可欠です。

高齢者層への対応
　まず，高齢者層をターゲットにした店舗やメニューの開発が挙げられます。高齢化社会が進む日本において，健康志向のメニューや消化に良い食材を使った料理の提供が重要です。また，バリアフリーやゆったりとした空間設計など，高齢者に配慮した店舗づくりも求められています。こうした取り組みは，高齢者層のニーズに応えるだけでなく，リピーターの獲得にも繋がります。

地域密着型ビジネス
　次に，小規模でニーズに応じた店舗展開や地域密着型のビジネスモデルの導入が注目されています。地域特有の食材を活用し，地元の文化や風土を反映したメニューを提供することで，地域住民や観光客に支持される店舗作りが可能です。特に地方では，地域経済と連携した持続可能な外食ビジネスが求められています。

デジタル技術の活用
　デジタル技術を駆使して効率的な経営を実現することも重要です。オンライン予約やデリバリーサービスを導入することで，顧客の利便性を向上させることが可能です。特にコロナ禍以降，デリバリー需要は高まり続けており，オンラインでのサービス提供は欠かせません。

メニューの多様化

　さらに，外食業界は，特定のニーズを満たすために，メニューの多様化や季節ごとの限定メニューの提供を通じて，集客を図ることも有効です。健康志向やエコ志向に応えるメニュー展開が求められる中，持続可能なビジネスモデルの構築が重要です。

　このように，外食業界は人口減少と消費基盤の縮小に対して，賢い縮小を通じた持続可能な経営を実現することが求められています。地域密着型のビジネスモデルや高齢者層に対応した店舗展開など，新しい発想での経営戦略が今後の成長に繋がるでしょう。

【本章のまとめ】

　外食業界は多くの課題に直面しています。まず，最も顕著な問題として「人手不足」が挙げられます。少子高齢化の進行に伴い，労働力の確保が困難になっており，店舗運営における人手不足は，サービスの質や顧客満足度に直結します。このため，業界全体での労働環境の改善や，ロボットやAIの導入が求められています。

　次に「低収益性」が挙げられます。外食業界は，厳しい競争と価格競争にさらされており，原材料費や人件費の高騰が収益を圧迫しています。利益率の低下は企業の持続可能性に影響を及ぼし，経営の健全性が危ぶまれる状況です。これに対処するためには，効率的なコスト管理やメニューの見直し，商品価値の向上が不可欠です。

　さらに，「デジタルトランスフォーメーション（DX）」への対応も重要な課題です。業界全体がデジタル化に向かっている中，店舗のオンライン化やデータ分析を活用したマーケティング戦略の構築が求められています。しかし，ITリテラシーの向上や初期投資の負担がネックとなり，多くの企業がその導入に苦しんでいます。

　また，消費者の嗜好の変化にも注意が必要です。トレンドがますます

短くなる中で，変化を的確に見極め，慎重な対応が求められます。

　最後に優秀な人材を外食に誘導するための研修や福利厚生，報酬の充実は避けて通れない課題であることも指摘しました。

ホームワーク

1. 外食業界の課題を一つ選び，その背景と解決策を 400 ～ 500 字で述べる。
   - 外食業界の課題（例：人手不足，低収益性）を一つ選び，その背景を調査します。
   - 解決策を考え，400 ～ 500 字でレポートにまとめます。

2. 最新の課題に関連するニュースを調べ，内容と業界への影響を考察する。
   - 最新の外食業界に関連するニュース記事を調べ，その内容を要約します。
   - 記事の内容が業界にどのような影響を与えるかを考察し，レポートにまとめます。

3. 外食業界における課題解決のための技術革新（例：AI，ロボット）について調べ，その将来性を考える。
   - 外食業界における技術革新（例：AI，ロボット）の事例を調査します。
   - その技術がどのように課題解決に役立つかを考え，将来性をレポートにまとめます。

導入進む外食ロボット

　日本の外食産業が直面する課題は，人手不足と人件費の上昇，そして食材コストの高騰です。これに応えるように，近年，ロボット技術が急速に進化し，厨房やホールでその役割を果たし始めています。ロボット導入が進むことで，外食業界はどのように変わっていくのでしょうか？

調理ロボットの導入で効率化と省人化を実現

　調理分野でのロボットの活用事例は注目に値します。奈良先端科学技術大学院大学の研究チームが開発した天ぷら盛り付けロボットは，AIを駆使して食品の形状に合わせた立体的な盛り付けを実現。これにより，これまで熟練の職人が担っていた繊細な盛り付け作業をロボットが再現し，料理の見た目の美しさを保ちながらも省人化を達成しています。

　同様に，すしシャリを成形する「シャリ玉ロボット」も，職人の技を再現しつつ，効率的なオペレーションを可能にしました。ロボットは1時間に1,200貫分のシャリを生成でき，忙しい時間帯でも安定供給を実現します。

カジュアルな高級寿司とロボット技術の融合

　寿司業界では，「鮨 銀座おのでら 登龍門」が若手職人による低価格での高級寿司提供とロボット技術の導入で注目されています。ここでは，シャリはロボットが成形し，職人が握る作業に専念することで，時間とコストの効率化が図られています。熟成マグロや炙り寿司など，特化したメニューに応じたロボットも導入され，カジュアルに高級寿司を楽しめる店が増加。特に熟成技術では，最適な温度での保存や熟成を自動化することで，寿司の美味しさを引き出しながらも品質を安定させる工夫がなされています。

配膳ロボットの導入で接客効率も向上

　ロボット導入の波は厨房に留まらず，ホール業務にも広がっています。配膳ロボットはファミリーレストランやホテルなどで導入が進んでおり，

ネコ型の配膳ロボットはその可愛らしい見た目がSNSで話題になり，顧客に好意的に受け入れられています。このような接客支援ロボットは，ホールスタッフが限られた人員でも顧客満足度を高められる点で価値があり，特に来客数が多い店舗では接客時間の効率化に貢献しています。

ロボット導入の効果と外食産業の未来

　外食業界におけるロボット技術の導入は，単なる省人化にとどまらず，接客や調理における付加価値を生み出す点でも注目されています。寿司ロボットの導入によって職人が時間を割けるようになり，店内での料理演出が向上し，顧客とのコミュニケーションにも時間をかけられるようになりました。また，品質が一定に保たれることで，店舗ごとの味のばらつきが抑えられ，チェーン展開しやすくなるというメリットもあります。

外食ロボットの未来と食文化への影響

　ロボット技術は，業界の未来像に新しい可能性を与えると同時に，顧客体験にも変化をもたらしています。食の提供方法や品質の向上に加えて，ロボットと人が協働することで，外食産業が抱える課題を解決し，顧客により良いサービスを提供する仕組みが構築されつつあります。この流れは今後も続くと考えられ，いずれ「人の手による料理」や「ロボットによる料理」という選択肢が当たり前に並ぶ時代が訪れるかもしれません。

　ロボット導入が進む外食業界の変革は，日本の食文化の未来にも新たな局面をもたらす可能性を秘めており，今後の動向からも目が離せません。

第8章
外食のグローバル化

　外食産業のグローバル化は，国内市場の成熟と競争の激化に対する有効な戦略として注目されています。特に和食ブームを背景に，日本の外食企業は海外市場でその存在感を高めつつあります。一方で，異文化の壁や現地競争の激しさといった課題も多く，グローバル展開には慎重な計画が求められます。

　本章では，外食業界のグローバル化について，海外で成功を収めている企業の具体的な事例や，現地消費者のニーズに応えるための戦略を掘り下げます。また，文化的・経済的な違いがビジネスモデルに与える影響についても考察します。これにより，グローバル市場での外食産業の可能性と課題を包括的に理解します。

1．和食ブームと海外における日本食の可能性

和食ブームの背景

　近年，和食は「健康的でバランスの取れた食事」として世界的に評価されています。この現象は，特に米国やヨーロッパ，アジア諸国で顕著に見られます。2013年にはユネスコの無形文化遺産に登録されたことで，和食の伝統と独自性が改めて注目を集めています。和食は「季節感のある食材」「調味料の控えめな使用」「味の調和」などの特徴を持ち，健康志向が高まる中で多くの人々に支持されています。

　和食の人気は，寿司や刺身といった生魚を使った料理だけでなく，天ぷら，照り焼き，ラーメン，さらには新たに注目を集めているフュージョン料理（さまざまな国の料理や食材，調理法を融合した料理）にも広がっ

図表8－1　海外における日本食の需要の高まり

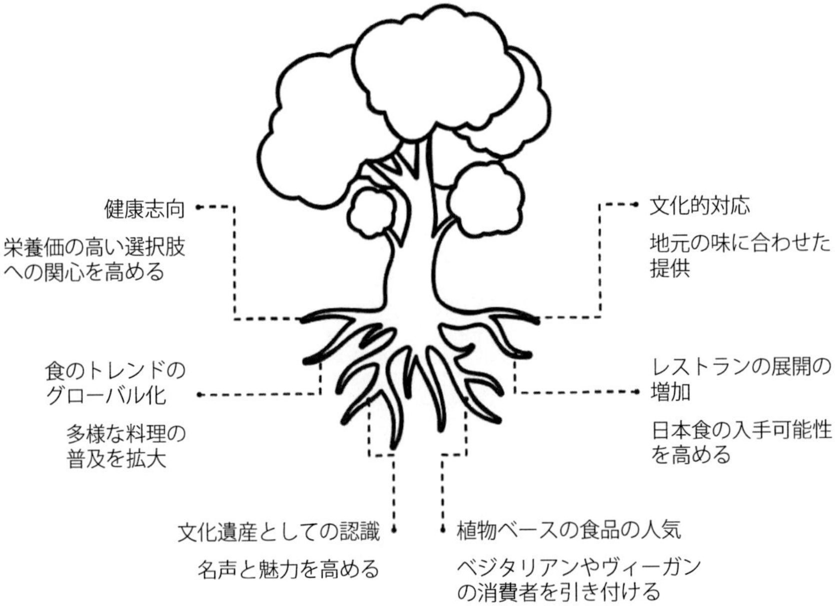

- 健康志向
  栄養価の高い選択肢への関心を高める
- 文化的対応
  地元の味に合わせた提供
- 食のトレンドのグローバル化
  多様な料理の普及を拡大
- レストランの展開の増加
  日本食の入手可能性を高める
- 文化遺産としての認識
  名声と魅力を高める
- 植物ベースの食品の人気
  ベジタリアンやヴィーガンの消費者を引き付ける

ています。特に，米国では寿司がファストフードとして浸透し，そのスタイルが進化している一方で，欧州では和食レストランが高級食事として評価され，富裕層をターゲットにした店舗展開も進んでいます。最近では「プラントベースフード」への関心も高まっており，豆腐や味噌などの日本由来の食材が，ベジタリアンやヴィーガンの人々の間で人気を博しています。この多様性と健康志向の要素は，海外での需要を一層促進しています。

健康志向と日本食の魅力

　和食が海外で好まれる理由の一つは，その「健康志向」です。和食は主に魚，野菜，大豆製品を中心にしたバランスの取れた構成であり，塩分や脂肪分を抑えた調理法が特徴です。欧米では肥満や糖尿病といった健康問題が多くの人に影響を及ぼしており，その予防策としてヘルシーな食文化への関心が増しています。和食は健康的な選択肢として注目されています。

　例えば，寿司や刺身には豊富なタンパク質とオメガ3脂肪酸が含まれ，心血管系の健康に寄与するとされています。また，豆腐や味噌といった大豆製品には低カロリーながら高い栄養価があり，植物性タンパク質を摂取したい層にも適しています。同様に和食は低カロリーな料理が多いため，減量やダイエットを目的とする人々にも支持されています。欧米のレストランでは，和食メニューが増加しており，サラダや蒸し野菜といったヘルシーなオプション（選択肢）と組み合わせた提案も行われています。こうした健康志向は，和食に対する需要の高まりを加速させる要因の一つとなっています。

外国での和食レストランの展開

　和食の需要が高まる中，日本の外食企業は積極的に海外市場に進出しています。「日経MJ」の飲食業調査（2023年度）では，海外で店舗を運

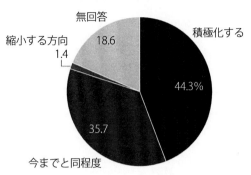

図表8-2　海外展開を積極化する考えがあるか

出所：『日経MJ』2024年6月23日付

営している企業のうち，今後出店を「積極化する」との回答が44.3％に上りました。前回調査（27.6％）から大幅に増えています。国内で人口減が進む中，将来の成長に向けて海外市場の開拓を進める動きが一段と鮮明になっています。

　寿司チェーンの「くら寿司」や「スシロー」は，米国やアジア諸国を中心に多数の店舗を展開し，現地での人気を博しています。日本特有の回転寿司スタイルを持ち込みつつも，現地の消費者の好みに合わせたメニュー開発を行っています。例えば，米国のくら寿司では，アボカドやクリームチーズを使用したメニューを提供し，現地の顧客層に支持されています。

　スシローも，各国の食文化に応じた独自の寿司メニューを提供し，和食の魅力を伝えつつも現地の人々の嗜好に合わせた品揃えを展開しています。このような適応戦略は，今後の国際展開において成功の鍵となるでしょう。

　ラーメンチェーンの「一風堂」や「一蘭」も海外展開に成功し，現地で行列を作るほどの人気を誇っています。ラーメンは手軽に食べられるファストフードとして認識される一方で，日本独自の風味や出汁の味わいが「ヘルシーかつ満足感のある食事」として受け入れられています。

2．日本の外食企業の海外進出の可能性

アジア市場への展開

　日本の外食企業にとって，アジア市場は成長が期待される有望な市場です。特に中国や東南アジア諸国では，経済成長に伴い中間層の消費力が向上しており，外食産業の需要も高まっています。例えば，中国に進出している「吉野家」は，現地の人々に馴染みのある「ルーロー飯」なども大きな支持を得ており，現地の味覚に合わせた味付けの調整も行っています。特に，中国の都市部では急速に変化する消費者の嗜好に応じて，吉野家はヘルシー志向のメニューの導入を進めています。

　東南アジアでは，日本のファストフードやカフェスタイルの店舗が人気を博しています。マレーシアやシンガポールでは，ラーメンやカレーなどの和食が現地の食文化に溶け込み，フードコートやショッピングモールでの出店も進んでいます。このように，現地の文化に適応しながらも，日本の味を提供する柔軟な姿勢がアジア市場での成功の鍵となっています。また，フィリピンやタイにおいても，日本の焼肉や居酒屋文化が広がりを見せており，現地の人々に愛されるスタイルで日本食が受け入れられています。

米国市場での挑戦

　米国は巨大な外食市場であり，日本の外食企業にとっても非常に重要な市場です。ただ，米国市場は競争が激しく，成功するためには独自の戦略が求められます。例えば，「鳥貴族」は米国市場で焼き鳥の提供を行いながら，日本で培った効率的な店舗運営や価格設定の工夫を取り入れています。高価格帯の焼き鳥店との協業にも乗り出し，現地の消費者にアピールしています。

　回転寿司チェーンも米国に進出しています。米国では寿司の人気が高

図表 8 − 3　アジア市場と米国市場における成功のための戦略

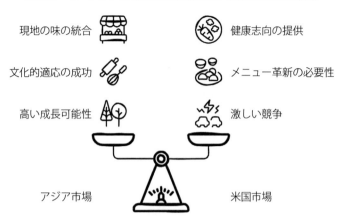

く，現地の消費者の要望に合わせた新メニューを開発するなど，適応力の高さが強みとなっています。加えて，健康志向の高まりを背景に，低カロリーで栄養価の高い食材を用いた新たな寿司メニューの開発も行われ，これが新しい顧客層の獲得につながっています。

　米国市場での挑戦は決して容易ではありませんが，これを成功させるためには現地の食文化や消費者のニーズに対する深い理解と，それに基づく柔軟なメニュー開発が必要不可欠です。企業は文化の違いを尊重しつつ，日本食の持つ独自の魅力を効果的に伝える戦略を立てることが求められています。

3．主要企業の動き

ロイヤルホールディングス

　ロイヤルホールディングスは，国内事業の安定を基盤に海外進出を果たしています。2023年度の売上高は約1,200億円で，特に海外事業の成長が期待されています。菊地唯夫会長は，「国内事業がうまくいかないと，海外のサポートができなくなる」と強調し，海外市場の重要性を訴

えています。ロイヤルHDは，中国，アジア諸国，そして米国など多様な地域に展開しており，最近では双日，銚子丸と組み，米国で寿司事業に乗り出す方針を打ち出しています。

ゼンショーホールディングス

　ゼンショーホールディングスは，国内資産としては外食業界のトップ企業であり，2024年3月期の売上高は9,658億円，海外売上高は2,328億円に達しています。主力業態である牛丼チェーン「すき家」は，675店舗を海外展開しており，メキシコではタコライス風の牛丼を提供するなど，現地ニーズに応じたメニュー開発が進められています。

　ゼンショーHDは，米国やカナダ，ブラジルなどで店舗を増やしており，2024年度の総出店数1,450店舗中，1,321店舗を海外で計画しています。特に，「すき家」と並んで，北米や英国でテイクアウトの寿司事業に力を入れています。

トリドールホールディングス

　トリドールホールディングスは，「丸亀製麺」を中心に海外売上高が全体の38.2％を占めています。2024年度の売上高は4,200億円を目指し，そのうち海外事業は2,000億円を計画しています。最近のM&A戦略により，アジア系ファストフードやヌードルチェーンを買収し，海外でのブランド展開を強化しています。例えば，香港のヌードルチェーン「Tamjai Samgor Mixian」を買収したことが，業績に寄与しています。丸亀製麺は，現地の嗜好に合わせたうどんのカスタマイズが人気を呼び，さらなる成長を遂げています。

写真 8 − 1　トリドールホールディングスは 2011 年，ハワイに海外一号店を開いた

出所：トリドールホールディングス公式サイト
https://www.toridoll.com/company/

FOOD & LIFE COMPANIES

　FOOD & LIFE COMPANIES は，回転寿司「スシロー」を中心に海外展開を行い，2023 年度の海外売上高は 661 億円に達しました。現在，台湾 38 店舗，中国 34 店舗，香港 28 店舗，タイ 17 店舗など，全 135 店舗を展開しています。特に中国ではスシローの人気が高まり，売上高は前年同月比 72.7％増と急成長を見せています。2026 年度には，海外店舗数を 400 店舗に拡大する計画であり，特に中国での出店を強化しています。

サイゼリヤ

　サイゼリヤは，海外事業が全体の 36％を占め，特に中国市場で 485 店舗を展開しています。2023 年度の海外売上高は 760 億円に達しており，安価な価格設定が若い世代に支持されています。最近では，ベトナム市場への進出計画も発表されており，さらなる拡大を図っています。サイゼリヤは，現地市場のニーズに応じたメニューを提供することで，競争力を維持しています。各国の文化や味覚を考慮した商品展開が，成功の鍵となるでしょう。

くら寿司

　くら寿司は，米国と台湾で展開しており，2023年度の米国店舗数は50店舗に達しました。特に，入店に数時間待ちが発生する人気ぶり。現地寿司店に比べて価格が安く，品質の高い商品が安定的に提供されていることが成功要因です。今後は，新たにアジア市場への出店を強化し，海外売上高を拡大させる計画です。くら寿司は，寿司以外のメニューにも力を入れており，現地の消費者に合わせた多様な商品ラインを展開しています。

力の源ホールディングス

　力の源ホールディングスは，ラーメン店「一風堂」を展開しており，海外売上比率が45％に達しています。2024年3月期には，海外店舗142店舗を展開し，地域密着型の商品開発を進めています。2023年度の海外売上高は143億円に達し，成長を続けています。新たな国や地域への出店も検討しており，グローバルな拡大を進めています。

4．今後の課題と展望

　日本の外食企業が海外市場で成功を収めるためには，現地のニーズを的確に捉えた商品展開や，柔軟なビジネスモデルの構築が重要です。以下に今後の課題と展望を整理します。

現地ニーズの把握

　各国の文化や食習慣の違いを理解し，それに基づいた商品開発が不可欠です。現地消費者の嗜好に応じたメニューの提供や，新しいトレンドを取り入れた商品を開発することで，競争力を維持することが求められます。

柔軟なビジネスモデル

　市場環境の変化に応じたビジネスモデルの柔軟性が必要です。特にデジタル化の進展やコロナ禍の影響により，外食業態が変化している中で，迅速に対応できる体制を整えることが求められます。例えば，デリバリーやテイクアウトの需要が高まる中で，それに適応したサービス形態の確立が不可欠です。

サプライチェーンの構築

　食材の安定調達において，現地のサプライチェーンを構築することが重要です。現地の生産者やサプライヤー（仕入れ先）との連携を強化し，持続可能な方法で食材を調達することで，品質の向上とコストの安定化を図る必要があります。特に，地域の特色を活かしたメニュー作りには地産地消の推進が有効です。

デジタルマーケティングの活用

　デジタルマーケティングやデリバリーサービスの普及も見逃せません。海外の顧客との接点を増やすためには，オンラインの予約システムや注文アプリの導入など，現地のデジタルインフラに対応したサービスが求められます。特にSNSを活用した情報発信やインフルエンサーとの連携が，ブランド認知度を向上させるための鍵となります。ターゲット層に適したコンテンツを通じてブランド価値を伝える戦略が重要です。

5．グローバル市場における競争と戦略

競争の激化

　日本の外食企業が海外市場での展開を進める中，競争はますます激化しています。特にアジアや北米市場では，現地の飲食業者だけでなく，

他国からの飲食ブランドも多く進出しており，企業は差異化されたサービスや商品を提供する必要があります。

例えば，米国のファストフード市場では，ハンバーガーやピザのブランドが乱立しており，日本の外食企業がその中で存在感を示すためには，独自の魅力を打ち出すことが求められます。競合他社と差異化するためには，価格だけでなく，質やサービスにおいても優位性を築く必要があります。

差異化戦略

外食企業は，メニューやサービスにおいて明確な差異化を図る必要があります。和食の健康的な要素を強調したり，素材の産地や調理法にこだわったりすることで，消費者の関心を引く工夫です。具体的には，現地に根差したメニューや食材をテーマにした料理や，民族や宗教などの多様性に配慮したメニューを提供することで，特定のニーズに応えることが可能です。

サービスの面でも，現地文化を尊重した接客スタイルや，個別のニーズに対応するカスタマイズメニューを導入することで，顧客満足度を向上させることが期待されます。例えば，寿司レストランでは，特別な要求に応じて，各種の具材を選べるオプションを用意することが考えられます。

ブランドの確立

ブランドの確立は，海外市場での成功に欠かせない要素です。日本の外食企業は，単なる料理の提供ではなく，ブランドストーリーや文化を消費者に伝えることが重要です。例えば，店舗のデザインやメニューの説明，スタッフの教育などを通じて，ブランドの価値を明確に示すことが求められます。特にSNSやデジタルマーケティングを活用して，ブランドの魅力を広める努力が必要です。ブランドアイデンティティ（ブ

ランドの個性）を確立することで，消費者に強い印象を残し，リピーターを増やすことが可能になります。

新興市場への進出

　近年，新興市場として注目を集める地域が増えています。アフリカや中東，南米など，経済成長が見込まれる地域では，外食の需要が高まっており，これらの市場におけるビジネスチャンスが期待されています。例えば，インドネシアやベトナムなどの国々では，急速な経済成長とともに中間層が増加し，外食産業に対する需要が高まっています。これらの地域において，日本の外食企業は現地の嗜好に応じた商品を展開することで，新たな市場を開拓することができます。

文化の壁と適応

　新興市場への進出には，文化的な違いや消費者の嗜好の変化に対応する必要があります。現地の文化や食習慣を理解し，それに基づいた商品やサービスを提供することが重要です。例えば，インドネシア市場では，ハラール対応のメニューが必要とされるため，日本の外食企業はその基準を満たすための対策を講じる必要があります。また，現地の人材を採用し，現地の文化に合ったサービスを提供することで，顧客との信頼関係を築くことが期待されます。企業は，文化の違いを尊重しながら，自社の強みを活かして現地市場に適応する戦略を模索することが求められます。

【本章のまとめ】

　外食業界のグローバル化は，国際的な経済活動や文化交流の進展とともに加速しています。特に，日本の外食企業は，アジア市場を中心に海外展開を進め，現地の食文化に適応したメニュー開発やサービス提供に力を入れています。和食は海外でも高い人気を誇り，寿司やラーメンは国境を越えて消費されています。これにより，日本の外食産業は国際的なブランド力を高め，食文化の発信を行っています。

　一方で，外国の飲食文化も日本市場に流入し，消費者の食の選択肢が多様化しています。例えば，米国のファストフードや韓国料理店が人気を博し，これにより日本の外食業界も新たな競争に直面しています。消費者は，さまざまな国の料理を楽しむことができ，これが外食市場の活性化に寄与しています。

　また，グローバル化の進展に伴い，デジタル技術の利用も重要な要素となっています。SNSやオンラインプラットフォームの普及により，外食ブランドは迅速に情報を発信し，消費者とのインタラクションを強化しています。特に，若年層はSNSを通じて海外のトレンドを敏感にキャッチし，それが外食業界の消費行動にも影響を与えています。

　ただ，グローバル化には文化や規制の違いへの対応という課題も伴います。企業は，現地のニーズを理解し，柔軟な戦略を採用する必要があります。国際市場での競争が激化する中，ブランドの差異化や持続可能なビジネスモデルの構築が求められています。今後も外食のグローバル化が進展し続ける中，企業がいかにして国際的な舞台で成功を収めるかが注目されます。

―― ホームワーク ――

1. 外食産業のグローバル化における課題（例：文化の壁，物流）を調査し，その解決策を考える。
   - 外食産業のグローバル化における主要な課題を調査します。
   - それぞれの課題に対する解決策を考え，レポートにまとめます。

2. 世界の主要な外食チェーンと日本のチェーンのビジネスモデルを比較する。
   - 世界の主要な外食チェーン（例：マクドナルド，ケンタッキー・フライド・チキン）と日本のチェーン（例：吉野家，すき家）のビジネスモデルを比較します。
   - それぞれの特徴や違いをレポートにまとめます。

3. 自分が注目する外食企業のグローバル展開について調べ，その成功の理由を分析する。
   - 自分が注目する外食企業のグローバル展開（例：スターバックスのアジア展開）について調査します。
   - その成功の理由を分析し，レポートにまとめます。

第9章
中食・惣菜市場の動向

　日本の中食市場は，ライフスタイルの多様化や共働き世帯の増加といった社会的背景を受け，ここ数年で急速に成長しています。「中食」とは，家庭外で調理された食品を家庭内や職場などで消費するスタイルを指し，スーパーマーケットの惣菜コーナーやコンビニエンスストアの弁当，さらにはテイクアウトやデリバリーといったサービスがその代表例です。

　この中食の拡大は，外食産業との競争環境に大きな影響を与えると同時に，新たなビジネスチャンスも生み出しています。例えば，健康志向や環境配慮のトレンドを取り入れた商品開発は，消費者の多様化するニーズに応えるために重要な要素となっています。また，中食は家庭での食事準備を簡略化し，時短志向の現代社会において高い価値を提供しています。

　本章では，中食市場の成長背景とその現状，さらにはフードサービス産業に与える影響について詳しく解説します。また，外食と中食がどのように競争・共存しているのか，さらには中食市場がもたらす新しい消費トレンドやビジネスチャンスについても考察します。これを通じて，中食がフードサービス業界における戦略的な鍵であることを明らかにします。

1．中食・惣菜とは

「中食」とは，家庭での食事準備を簡便化するために購入される調理済み食品を指し，特に「惣菜」は主食以外の調理済み食品全般を含みます。中食の利便性は忙しい現代社会において重要な位置を占めており，家庭での食事スタイルの多様化や食の外部化の進展により需要が増加しています。最近では，忙しいライフスタイルを送る消費者に向けた，簡便かつ栄養価の高い中食が増加しており，特に共働き世帯や一人暮らし世帯においてその需要が顕著です。

スーパーマーケット業界の用語に「ミールソリューション」があります。ミールソリューションとは，スーパーマーケットやコンビニエンスストア，デパ地下（百貨店の食品売り場）などで提供される惣菜の位置付けを指します。これは「食事の問題解決」を推進するために，家庭内食事の代替を実現する売場を意味します。ミールソリューションは加工度の段階によって以下の4つに分類されます：

①レディー・ツー・イート：そのまま食べられる

②レディー・ツー・ヒート：温めれば食べられる

③レディー・ツー・クック：調理が必要

④レディー・ツー・プリペア：準備が必要

スーパーマーケットやコンビニエンスストア，デパ地下など惣菜を提供する店にとって，惣菜の位置付けを一言で表せば，「ミールソリューション（食事の問題解決）を推進するためにホームミールリプレースメント（HMR＝家庭内食事の代替）を実現する売場」ということになります。惣菜は4分類のうち，①のレディー・ツー・イートと②のレディー・ツー・ヒートにあたります。ちなみに③や④は定着し始めたミールキット（家庭で簡単に調理できるように，必要な食材とレシピがセットになった商品）がそれにあたります。

HMRの概念を加えて説明すると，家庭内での食事を外部で調理された食品で代替することを指します。これは，家庭での調理時間を節約し，手軽に食事を楽しむための選択肢として利用されます。特に，共働き世帯や忙しい家庭において，家庭内食事の代替として中食が利用されることが多いです。

2．惣菜市場の規模

2023年の惣菜市場は前年比4.9％増の10兆9,827億円となり，3年連続で拡大しました。コロナ禍が始まった2020年はコンビニエンスストアやデパ地下の不振で一時的に落ち込んだものの，11兆円に迫る規模まで成長しました。消費ニーズへの対応が奏功したのに加え，値上げの浸透も市場拡大の要因です。

2013年の市場規模と比べると23.4％の伸びを記録しています。特にパンデミック後，在宅勤務が増加したことにより家庭内での食事機会が増え，家庭で手軽に栄養価の高い食事ができる中食への需要が急増しています。

総務省の家計調査のデータでも，中食への支出は年々増加傾向にあり，家庭の食費に占める中食の割合が過去最高を記録しました。2023

図表9－1　惣菜市場（業態別）の推移

単位：十億円，％

業 態	2021年	構成比	2022年	構成比	前年比	2023年	構成比	前年比
惣菜専門店	2,747.2	27.2	2,833.4	27.1	103.1	2,942.6	26.8	103.9
百　貨　店	311.7	3.1	335.6	3.2	107.7	343.1	3.1	102.2
総合スーパー	907.5	9.0	934.5	8.9	103.0	975.4	8.9	104.4
食料品スーパー	2,947.0	29.1	3,081.6	29.4	104.6	3,258.6	29.7	105.7
CVS	3,201.5	31.7	3,280.1	31.3	102.5	3,463.1	31.5	105.6
合　　計	10,114.9	100.0	10,465.2	100.0	103.5	10,982.7	100.0	104.9

出所：日本惣菜協会

年のデータによると，家庭の食費の中で中食が占める割合は20%を超えています。これは，共働き世帯や一人暮らし世帯の増加に伴う調理負担の軽減ニーズが反映されていると考えられます。今後もこの市場は継続的な成長が見込まれ，中食は日本の食市場においてますます重要な存在になると考えられます。

日本惣菜協会発行の『惣菜白書2024』の消費者調査によると，1年前と比べた購入頻度は「変わらない」が66.3％で最多ですが，「大変増えた」「やや増えた」の合計は22.8％と，「やや減った」「大変減った」の合計10.9％を上回ります。「種類が豊富になっている」と「おいしいものが多くなっている」と思う層は6割を超え，生活者ニーズに対応している業界・企業努力がうかがえます。今後についても「かなり増える」「多少は増える」の合計回答は17.2％で，「減る」の9.7％を上回り，市場拡大が続く可能性が大きいです。

モノやサービスの価格動向を映す消費者物価指数（生鮮食品を除く）は2023年で2.8％，2024年は2.5％それぞれ上昇しました。食品や宿泊料の伸びが目立ち，日本銀行はゆるやかな物価上昇（2％程度）を目標としており，一時は上昇率が4.2％まで上がったものの，ピーク時からは落ち着きを見せています。ただ，執筆時点では円安が急速に進展しており，輸入物価の上昇が再び消費者物価に影響を与えかねません。

2023～24年は，惣菜も原材料価格の上昇や人手確保のための賃金アップなどを吸収することが難しく，店頭価格は上昇しました。例えば，弁当では298円・398円だった下限の価格が328円あるいは348円，448円といった具合です。実際，総務省の2023年家計調査によると，食料は外食（前年比11.6％増）の回復があったものの，消費者物価指数で補正した実質では2.2％減となりました。特に惣菜などの調理食品は実質3.8％で落ち込みが大きく，値上げの浸透がうかがえる結果となっています。

『惣菜白書2024』の消費者調査をみても，1回あたりの購入品目数は

1.7 で横ばいですが，購入金額は「500 円未満」が減る一方で，「1,000円以上」が増加しています。一品当たりの単価は「100～400 円未満」がボリュームゾーンですが，首都圏では「400～500 円未満」が増加傾向にあります。値上げは，付加価値を上げた商品を投入する契機となり，従来にない価格帯（松竹梅の「松」の商品）へのチャレンジも目立っています。

3．社会の変化と中食

　中食の需要が高まる背景には，社会構造の変化があります。共働き世帯の増加や単身世帯の増加が惣菜の消費を促進しています。総務省の家計調査（2023 年）では，単身世帯が全世帯の約 30％を占めていることが示されています。さらに，2023 年以降，共働き世帯が全世帯の 60％を

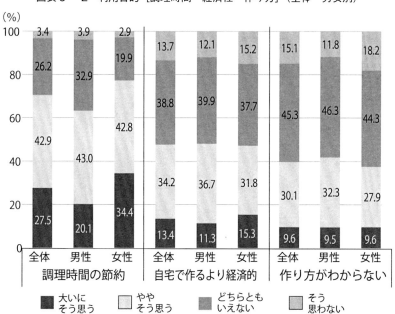

図表 9－2　利用目的［調理時間・経済性・作り方］（全体・男女別）

出所：日本惣菜協会『惣菜白書 2024』

超え，家事や育児に割ける時間が限られる家庭が増加しています。そのため，家庭内での調理に時間や労力をかけず，簡単かつ栄養バランスの取れた食事が一段と求められています。

中食市場の成長には，こうした社会的なニーズの高まりが背景にあり，食品メーカーや小売業者は多様な商品開発に取り組んでいます。栄養バランスを意識した惣菜や，特定の栄養素に特化した商品，さらには地域の特産品を使用した商品など，消費者のニーズに応える幅広いラインナップが揃っています。

また，デリカフーズやロック・フィールドなどの企業は，健康志向の商品や減塩・低糖質のメニューを展開し，時短と健康を両立させた商品で消費者の関心を集めています。

コロナ禍以降，在宅勤務や外食控えによって家庭内食事の機会が増加し，これが中食市場のさらなる拡大を後押ししました。在宅勤務をしている消費者は，外出を控えつつも手軽で健康的な食事を求める傾向がありました。また，健康志向が高まる中で，オーガニックや地産地消にこだわる商品が注目を集め，環境配慮を含めた消費行動への関心も中食市場の一つの特徴となっています。

4．中食の主要販売チャネル（業態）

惣菜などの調理済み食品は主にコンビニエンスストア，スーパーマーケット，惣菜専門店などで販売されており，それぞれの業態が異なる特徴を持っています。コンビニエンスストアは24時間営業で利便性が高く，弁当やおにぎり，サンドイッチなど，簡便な食事メニューを提供しています。また，デリバリーサービスの拡充や，オンラインでの購入を可能にするなど，利便性を重視した展開が進んでいます。

スーパーマーケットでは，プライベートブランド（PB）商品が充実し，コストパフォーマンスと品質の両立を図る戦略をとっています。特に旬

の素材を活用した惣菜や健康志向の商品が増加しています。例えば，イオンやイトーヨーカ堂は，自社ブランドを展開し，消費者の嗜好に応じた商品を提供しています。惣菜専門店やデパ地下では，高品質な食材を使用し，独自ブランドの商品展開を行い，季節限定商品や特産品を生かした商品で差異化を図っています。

　生活者の節約志向が続く中，外食と比較した場合の値頃感は，惣菜の強みです。家庭内調理の手間を省ける利便性もあるため，内食からの流入も続くと見られます。『惣菜白書2024』で，2023年を基準に3年後の売上高予想を聞いたところ，全業態合計で2023年比8.0％増となりました。やや低めの伸長率に見えるものの，人手不足による労働制約や，惣菜と同様に外食・内食からニーズを取り込む冷凍食品の存在感が高まっていることも影響している模様です。

　冷凍食品の2023年の出荷額ベースの市場規模は2.1％増の7,799億円となり，過去最高を更新しました。冷凍食品はコストや時間のパフォーマンス，貯蔵（ストック）性に優れており，チャーハンや麺類などは惣菜に対して競争優位性を持っています。冷凍食品の強化は，店舗トータルで生活者の選択肢を増やすことにつながり，コンビニエンスストアやスーパーマーケット，さらに食分野への進出が急なドラッグストアは売り場を急拡大しています。

　既存の惣菜は，出来立てのクオリティを磨くことで魅力を高め，同時に厨房の人手不足はより深刻化していることもあり，現場のオペレーション負荷を軽減できる簡便な提供方法が求められています。

5．惣菜購入の実態

　『惣菜白書2024』の消費者調査では，1年前と比べた購入頻度は「増えた」が22.8％と，「減った」の10.9％を大きく上回りました。「変わらない」は66.3％あり，11兆円に迫る惣菜市場は人々の生活に欠かせな

い存在となっています。

消費者調査は首都圏（1都3県），近畿圏（2府3県），中京圏（4県），北海道に住む20～70代を対象に2024年2月9日～14日に実施し，男女6,270人から回答を得ました。消費者調査で注目すべき動向をいくつか紹介します。

今後の惣菜の利用意向は「減る」が9.7％に対して「増える」は17.2％です。他方で最近の惣菜について「種類が豊富になっている」と「おいしくなっている」と思っている消費者は6割を超えています。この結果からも食の外部化比率は増加が続き，惣菜市場も今後の拡大継続が予想されます。

企業動向をみると，企業側は「弁当」「米飯類」「揚げ物」「麺類」といったカテゴリーを充実させ，「健康」「栄養バランスの取れた」「野菜が多く含まれた」「オーガニック」といった商品特性を訴求する方針が目立っています。

一方で，消費者が今後購入したいと思う惣菜の1位は男女ともに「家庭では作りづらい惣菜」です。2位は男性が「栄養バランスがとれた惣菜」，女性が「野菜が多く含まれた惣菜」が挙がりましたが，1位と2

図表9－3　今後購入したいと思う惣菜

購入したい惣菜名	全体		男性		女性	
	順位	人数	順位	人数	順位	人数
家庭では作りづらい惣菜	1位	3,119	1位	1,252	1位	1,867
野菜が多く含まれた惣菜	2位	1,807	3位	756	2位	1,051
栄養バランスのとれた惣菜	2位	1,807	2位	760	3位	1,047
国産の食材のみを使用した惣菜	4位	1,399	5位	563	4位	836
添加物を使用していない惣菜	5位	1,231	7位	469	5位	762
できたてで温かい惣菜	6位	1,197	4位	567	6位	630
魚の惣菜	7位	1,189	6位	562	7位	627
薄味な惣菜	8位	992	9位	388	8位	604
少量で複数の種類がセットされた惣菜	9位	950	8位	415	9位	535
調理油にこだわった惣菜	10位	420	10位	182	10位	238
有機食材のみを使用した惣菜	11位	400	11位	177	11位	223
キット（食材と調味料がセット）の惣菜	12位	320	12位	137	12位	183
調味料にこだわった惣菜	13位	292	13位	121	13位	171

出所：日本惣菜協会『惣菜白書2024』　　　　　　　　　　　　　※複数回答

位には大きな開きがありました。これは下処理や調理に手間や時間がかかるメニューを惣菜で賄いたいという"タイパ（タイムパフォーマンス）"ニーズが根強いことがうかがえます。

　実際，別の調査項目である利用目的について，「調理時間の節約」を挙げたのは男性63.1％，女性77.2％に達しました。企業側の取り組みの中で「手間なし」「時短」の価値に再度注目していくことが大切です。これらの価値は温度帯が異なる冷凍食品や加工食品でも追求されています。

　さらにグルメブームが続く中で，外食で食べたメニューを家庭でも手軽に楽しむ食体験シーンの増加や多様化も背景にあるとみられます。企業側では食の世界の変化にアンテナを高くし，地域や海外に目を向けたメニュー開発につなげる姿勢が求められます。

　2023年は物価高が家計を直撃しました。地政学リスクや円安は原材料調達コストを上昇させており，惣菜も値上げが相次ぎました。物価上昇に賃上げが追い付いていない状況は続いており，消費者は節約志向を

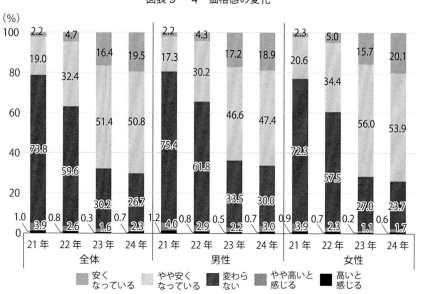

図表9－4　価格感の変化

出所：日本惣菜協会『惣菜白書2024』

図表 9-5　最近半年間での購入頻度 上位品目
（各品目を半年間で 3 回以上購入した人の割合）

(%)

順位	全体		順位	男性		順位	女性	
1位	弁当	46.6	1位	弁当	49.4	1位	弁当	43.9
2位	おにぎり	45.6	2位	おにぎり	48.7	2位	おにぎり	42.6
3位	鶏の唐揚げ	37.9	3位	鶏の唐揚げ	39.8	3位	鶏の唐揚げ	36.1
4位	コロッケ	36.3	4位	コロッケ	36.9	4位	コロッケ	35.7
5位	にぎり寿司，巻寿司	34.3	5位	にぎり寿司，巻寿司	33.2	5位	にぎり寿司，巻寿司	35.4
6位	サンドイッチ	31.2	6位	サンドイッチ	32.7	6位	サンドイッチ	29.7
7位	野菜サラダ	27.0	7位	うどん，そば，ラーメン	31.9	7位	野菜サラダ	26.7
8位	うどん，そば，ラーメン	26.6	8位	野菜サラダ	27.2	8位	うどん，そば，ラーメン	21.3
9位	ギョーザ	23.2	9位	ギョーザ	27.1	9位	ポテトサラダ	20.9
10位	ポテトサラダ	22.6	10位	ポテトサラダ	24.5	10位	ギョーザ	19.4

出所：日本惣菜協会『惣菜白書 2024』

強めています。消費者調査では，1 年前と比較した価格感は「やや高い」が 50.8％，「高いと感じる」は 19.5％で，「高い」の合計は 70.3％となりました。コロナ禍の 2021 年調査では「高い」の合計は 21.2％だっただけに，惣菜の割高感は利用拡大の足かせになる可能性もあります。

実際に購入している商品（対象は 43 品目）をみると，最近半年間での購入頻度が高いのは男女ともに 1 位が「弁当」，2 位は「おにぎり」，3 位が「鶏のから揚げ」です。これに「コロッケ」「にぎり寿司，巻寿司」「サンドイッチ」が続きました。男女で順位に差が大きかったのは「焼うどん，焼きそば」（男性 13 位，女性 21 位），「ピザ」（男性 21 位，女性 13 位）などが目に付きました。

最近半年間での惣菜の購入場所は，全体ではスーパーマーケットが 76.5％で最も多く，次いでコンビニエンスストアが 13.2％，惣菜店が 3.2％，百貨店が 3.0％となりました。惣菜市場の業態別シェアはコンビニが 31.5％，スーパーが 29.7％，惣菜専門店が 26.8％となっており，やや差異がみられます。

惣菜のカテゴリー別市場

購入場所別のそれぞれの1位カテゴリーはスーパーが「コロッケ」，コンビニが「おにぎり」，惣菜店が「焼きとり」，百貨店が「にぎり寿司，巻寿司」で，それぞれの業態特性が現れた結果となっています。具体的には「普段のおかずとして」の利用が消費者調査でも65.1％で最多で，次いで「帰宅が遅くなって調理時間がない時」（19.2％）になっていることが裏付けの数字になっています。

図表9－6　惣菜のカテゴリー別市場動向

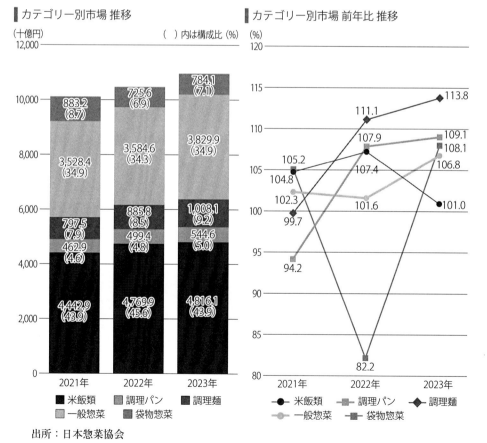

出所：日本惣菜協会

6．コンビニエンスストアにおける惣菜の動向

　コンビニエンスストアは，24時間いつでも利用できる利便性と幅広い商品ラインアップで，中食市場の拡大に大きく貢献しています。セブン-イレブン，ファミリーマート，ローソンの大手3社は，各社のブランド戦略と独自の商品開発を通じて，消費者の多様なニーズに応えています。

　セブン-イレブンは「セブンプレミアム」ブランドを通じて，高品質で手軽な惣菜を提供しており，特に自社製造の「金のシリーズ」が人気を集めています。このシリーズには，「金のハンバーグ」や「金のビーフカレー」などがあり，家庭で簡単に専門店のような味わいを楽しめることが評価されています。

　さらに同社は全国各地の地域性に配慮し，季節限定や地域限定の商品を投入するなど，消費者の関心を引く商品展開に注力しています。例えば，東北地方ではご当地の具材を使用したおにぎりやお惣菜を提供するなど，地域ごとの嗜好に合わせた商品づくりが特徴です。また，健康志向の高まりに応じて，カロリー控えめや減塩を意識した惣菜メニューも強化し，消費者の多様なニーズに対応しています。

　ファミリーマートは「ファミマル」ブランドのもとで，コストパフォーマンスと品質のバランスを重視した商品を提供しています。例えば，定番の「ファミチキ」は，手軽に楽しめるホットスナックとして，幅広い世代から支持を集めています。地域ごとの特色を生かした商品展開にも力を入れており，九州地方では地元の調味料を使った唐揚げや，お好み焼き風の弁当を提供するなど，地域ごとのニーズを反映した商品ラインアップを充実させています。

　さらにデジタル戦略も強化しており，「ファミペイ」アプリを通じてクーポンやキャンペーン情報を提供することで，顧客との接点を増や

し，利用の促進を図っています。消費者からのフィードバックを商品開発に取り入れることで，タイムリーな商品投入が実現しています。

　ローソンは，「まちかど厨房」という店内調理の設備を導入し，店内で調理された出来立ての惣菜を提供しています。揚げたての唐揚げや焼き物が店頭に並び，家庭に持ち帰るだけでそのまま温かい状態で楽しめるという利便性が高く評価されています。人気の「からあげクン」は，1986年の発売以来，ローソンの定番商品として多くの消費者に愛されています。さまざまなフレーバーが定期的に発売されており，チーズ味やレモン味，最近では地域限定の味など，常に新しい選択肢が提供されることで飽きの来ない商品として人気を保っています。

　さらに同社は「ナチュラルローソン」ブランドの店舗を展開し，健康志向の高い消費者層に向けた商品を充実させています。例えば，「ロカボシリーズ」は，低糖質を重視した商品であり，健康を意識する消費者から高い支持を得ています。糖質オフの弁当やプロテインを豊富に含むサラダなど，健康維持をサポートするラインアップも充実しており，ローソンのヘルシー志向な取り組みの一環となっています。

　環境配慮の観点から，パッケージにバイオマス素材を使用するなど，サステナビリティにも意識を向けた取り組みを進めています。このように，各コンビニチェーンは，独自のブランド戦略を駆使して，消費者のニーズに応えた商品開発を行っています。商品の利便性，健康志向，地域性への配慮が高く評価されるとともに，惣菜商品の品質とバラエティの充実が進んでおり，今後も中食市場でのコンビニエンスストアの存在感は継続していくと予想されます。

7．スーパーにおける惣菜の動向

　スーパーマーケットは，家庭での食事準備をサポートする重要なチャネルとして，価格と品質のバランスを追求し，惣菜事業を強化していま

写真9-1　スーパーマーケットの惣菜はバラエティさが増している
（東京都内のスーパー）

す。消費者の利便性や健康志向、そして「簡単・簡便ニーズ」に応えるため、各社が独自の戦略を展開しています。特に、イオンリテールやライフコーポレーション、ヤオコー、サミットなどが積極的に取り組み、それぞれの特色が際立っています。

　イオンリテールは、惣菜の品質向上と効率化を目指し「まいにち、シェフ・クオリティ」を掲げた新たな戦略を導入しています。イオンリテールの取り組みは、消費者に「手軽でありながら高品質」を提供するために、マーチャンダイジング（MD）、料理、製造の専門チームを構築し、独自のSPA（製造小売業）体制を採用しています。この体制により、日々シェフ監修の美味しさを提供することを目標としています。

　最新の次世代型惣菜プロセスセンター（PC）を活用し、製造の効率化とコストの最適化を実現しています。このセンターでは、消費者の多様なニーズに応じた製品を迅速に開発・製造できる体制を整えており、季節や地域に合わせた限定商品なども展開しています。加えて、「まいばすけっと」といった小型店舗にも惣菜供給を行い、日常的に高品質な惣菜を提供できるよう流通面でも工夫が重ねられています。

　ライフコーポレーションは、店内調理の強化を図る「デリカキッチン」を導入しています。デリカキッチンは、店舗ごとに設けられた調理場で、

お客様が新鮮でできたての惣菜を購入できる取り組みです。特に，「ライフオリジナル」の惣菜シリーズでは，季節の野菜を使ったサラダや低カロリー・低塩分の商品ラインナップも揃えており，健康志向の高い消費者からも支持を得ています。

　また，同社は「鮮度と健康」をテーマに，惣菜製品の素材選びにもこだわり，オーガニック野菜や国内産の食材を積極的に使用しています。ライフの店舗は都市部に多く，忙しいビジネスパーソンや健康を意識する層に向け，朝夕に合わせた惣菜を揃え，手軽で健康的な選択肢を提供しています。

　ヤオコーは，地域密着型のスーパーとしての強みを活かし，「デリカセンター」という自社製造の体制を強化しています。店舗展開エリアの味覚や消費者の嗜好に合わせたメニュー開発が行われ，地元の食材を取り入れた商品展開も進めています。地元農家との連携による地産地消の推進や，栄養バランスを考慮したメニュー作りが特徴です。

　同社は，店内のパート従業員の力を惣菜部門に生かすことで，消費者ニーズにきめ細やかに応えています。特にパート従業員が地域の消費者の嗜好や需要に基づき惣菜の提案を行い，季節ごとのメニューの入れ替えやグルメ志向のメニューを積極的に取り入れるなど，柔軟かつ地域に密着した取り組みを行っています。

　サミットは，1都3県を中心に展開するスーパーで，「サミットデリカ」として豊富な惣菜メニューを揃えています。より広範なニーズに応えるべく「大惣菜プロジェクト」を推進し，惣菜売場のみならず生鮮部門とも連携して「簡便・簡単ニーズ」に応える商品開発を進めています。このプロジェクトでは，肉や魚など生鮮品に惣菜的な下ごしらえや味付けを施し，消費者が自宅で簡単に調理できる商品を増やしています。

　例えば，味付け済みの魚や肉のメニューを用意し，時短ニーズに応えるとともに，家庭で調理のひと手間を省けるよう工夫されています。これにより，サミットは忙しい家庭においても，簡単かつバラエティ豊か

な食卓を提供する一助となっています。

　これらのように，スーパーマーケット各社は，地域や店舗の特性に応じた独自の取り組みを展開しており，消費者の多様なライフスタイルや健康ニーズに対応する努力を重ねています。

8．惣菜専門店・デパ地下における惣菜の動向

　惣菜専門店やデパ地下（百貨店の食品売り場）は，より高品質で付加価値の高い商品を提供する場として，多くの消費者から支持されています。ロック・フィールドの「RF1」や「グリーン・グルメ」などの専門店は，健康志向の高い消費者や高品質な食材を求める層に人気があり，特にサラダや惣菜類の豊富なバリエーションが魅力となっています。こうした店舗は，季節の野菜など，素材の質にこだわった商品展開を行い，消費者に安心感と特別感を提供しています。

　デパ地下もまた，季節ごとの限定メニューや地域の特産品を活かした商品を揃えることで，消費者に新しい食体験を提供しています。これらの店舗は，ギフト需要にも応えられる高価格帯の惣菜を販売しており，特別な日の食事や贈り物としても利用されることが多いです。また，食品ロス削減や持続可能性への取り組みとして，必要な量だけ量り売りで提供するケースも増えており，環境意識の高い消費者にも支持されています。

　これらの要素を考慮し，惣菜専門店やデパ地下は消費者のニーズに敏感に応え続けることで，今後の市場においても重要な役割を果たすと期待されています。

9．中食・惣菜業界の展望

　中食・惣菜市場は，消費者のライフスタイルの変化や健康志向の高ま

りに伴い，今後も成長が期待される分野です。特に，共働き世帯が増加する中で，食事準備の時間を短縮したいというニーズが強まっています。「時短」を意識する消費者の中で，調理済み食品や惣菜に対するニーズは高まっており，タイパを重視する傾向が見られます。このため，食品メーカーや小売業者は，消費者の求めるバランスを保った商品開発に注力しています。

製造現場では，ロボット技術の活用が注目されています。すべての食品製造業にかかわる労働者の半数にあたる約60万人が総菜製造に従事し，そのうち約30万人が盛り付け作業に携わっています。同作業には重量の精度や整った盛り付けが求められますが，現行技術では採算に合う機械化が困難です。しかし，技術革新は急務の課題であり，日本惣菜協会が中心になり，現場のロボット化が動き出しています。

マックスバリュ東海の長泉工場では，サラダの盛り付け作業をロボット化しました。不定貫の和惣菜も容器供給からAI品位検査装置，ガス置換型トップシーラー，自動計量ラベラーなど一連の統合ラインを設け，従来は1ライン当たり7人で行っていた作業を，ロボット4機の導入で3人まで減らせ，年間約1,000万円以上の人件費削減効果が見込まれています。

ホームデリカの弁当工場では，不定形で崩れやすい「いなりずし」「俵おにぎり」などを同時に複数把持する触覚ハンドを開発し，盛り付け速度は1時間当たり最大1,200個から同4,000個（いなりずしの場合）まで向上させました。

さらに，消費者アンケートでは「自宅では作りづらいメニュー」を惣菜に求める声も強く，特にグルメブームで，外食で食べたメニューを家庭で楽しみたいというニーズが高まっています。こうしたトレンドを受けて，企業は新しいメニュー開発に力を入れる必要があります。

中食・惣菜業界は「好きな時に，好きなものを，好きな場所で食べられる」という惣菜・中食の従来からある特性を磨きつつ，新しいメニ

ューと価値を求める消費者ニーズに対応していく努力が必要です。今後の中食・惣菜市場は，消費者の多様なニーズに応えるための進化を続けることが求められます。

【本章のまとめ】

　中食市場は，家庭での調理を必要としない食品を中心に急速に成長しています。この背景には，少子高齢化や共働き世帯の増加があり，消費者は忙しい日常の中で簡便さを求めています。スーパーマーケットやコンビニエンスストアでは，手軽に利用できる惣菜や弁当の品揃えが充実しており，消費者の多様なニーズに応える商品が増えています。

　健康志向の高まりも，中食市場の重要な要素です。消費者は栄養価の高い食品を求める傾向が強く，低カロリーや高タンパク質，オーガニック素材を使用した商品が人気を集めています。また，アレルギー対応や特定の食事制限に配慮した商品も増加しており，個々のニーズに合わせた提案が求められています。

　デジタル化の進展により，オンライン注文やデリバリーサービスが普及し，消費者は自宅で簡単に多彩な惣菜を楽しむことができるようになりました。特にコロナ禍の影響で，デリバリーサービスの需要が急増し，市場の拡大を後押ししました。

　今後も中食市場は成長が期待され，変化する消費者ニーズに敏感に対応し，持続可能なビジネスモデルを構築することが企業の競争力を高める鍵となるでしょう。

第9章 中食・惣菜市場の動向 | 187

─────(ホームワーク)─────

1. 自分の生活における中食の利用状況を振り返り，その利便性や課題を400字程度で述べる。
   - 自分の生活における中食の利用状況（例：週に何回利用するか，どのような商品を購入するか）を振り返ります。
   - その利便性や課題を400字程度でまとめます。

2. 最新の中食市場に関するデータを調べ，その動向を簡潔にまとめる。
   - 最新の中食市場に関するデータ（例：市場規模，成長率，消費者の嗜好）を調査します。
   - その動向を簡潔にまとめ，レポートにします。

3. 惣菜市場における新しい商品やサービスを調査し，その魅力を考察する。
   - 惣菜市場における新しい商品やサービス（例：健康志向の惣菜，デリバリーサービス）を調査します。
   - その魅力や消費者に与える影響を考察し，レポートにまとめます。

第10章
これからの外食業界

　外食（フードサービス）産業は今，新たな変革の時代を迎えています。少子高齢化や人口減少といった国内市場の課題に加え，地球規模の環境問題，デジタルトランスフォーメーション（DX）の進展，そして消費者の価値観の変化が業界全体に大きな影響を与えています。さらに，サステナビリティやエシカル消費のような社会的課題への対応が企業にとって避けて通れないテーマとなっています。

　本章では，外食産業がこれから目指すべき方向性を，持続可能なビジネスモデル，DXの活用，そして顧客との価値共創の観点から探ります。また，業界全体としての課題解決のために必要な新しい発想や実践について提言します。これにより，外食産業の未来を見据えた視座を提供します。

1．外食業界における価値共創の重要性

　近年，消費者や地域社会，従業員など，さまざまなステークホルダー（利害関係者）との間で価値を共創することが業界全体で求められています。外食産業が提供する食事は，単なる「食」ではなく，経験・つながり・健康の要素を含む価値を提供するものへと進化しています。これに応じ，企業は次のようなアプローチで価値共創に取り組むことができます。

・**地域との共創**：地域密着型の店舗運営や地産地消の推進は，地域経済への貢献を示すと同時に，消費者に地域の豊かさを実感させます。こうした取り組みは企業のブランド価値を高めると同時に，地元コミュニティとの絆を築く手段ともなります。例えば，地域農家との協力で新鮮な食材を使用したメニューを提供することで，消費者が地元産の良さを再認識する機会を創出します。

・**サプライヤーとの連携**：生産者などのサプライヤーと協力し，持続可能な食材調達を実現することで，消費者に対して環境や地域経済への配慮をアピールすることができます。これにより，食の安全性や信頼性が向上し，消費者に選ばれる存在となることができます。例えば，食材のトレーサビリティを明示し，生産者情報を提供することで消費者の信頼を得る取り組みが増加しています。

2．パーパス・ドリブン経営とその可能性

　外食産業は，単に利益を追求するだけではなく，社会的・環境的な課題解決に貢献することが求められています。パーパス・ドリブン経営，すなわち「社会的使命に基づく経営」は，企業の存在意義を強化し，従業員や消費者に共感を呼ぶための重要な要素となります。特に以下の3つの観点が鍵となります。

- **食を通じた持続可能性の推進**：企業の存在意義を，環境負荷の低減や食の安全・安心の向上に設定することで，消費者の信頼を獲得します。具体的には，オーガニック食材の導入やゼロウェイスト（食品廃棄物ゼロ）を目指す取り組みが考えられます。
- **コミュニティの発展**：地域社会の発展を支援する活動に参加することで，地元に根ざした信頼を得ます。例えば，食育プログラムを提供する，地元の学校と提携して食に関する教育を行うといった取り組みが，ブランドの社会的使命を強調する方法として効果的です。
- **従業員の成長支援**：従業員が「社会に貢献している」と感じられる職場環境を提供することで，企業に対するロイヤルティやパフォーマンス（成果）の向上が期待できます。従業員教育やキャリア開発プログラムを導入することは，彼らの成長と企業の成功に寄与します。

3．ウェルビーイングと外食産業

　働く人々のウェルビーイング（幸福・健康）を重視する経営は，従業員の定着率向上だけでなく，消費者にも好影響を与える傾向が見られます。特に，労働環境の改善と健康経営の推進は，企業の競争力の維持・向上に重要な役割を果たします。

- **労働環境の改善**：多くの外食企業が，長時間労働や不規則なシフトといった課題を抱えていますが，柔軟な働き方やDXによる業務効率化は，こうした問題を解決する一助となります。特にAIやロボットの導入によって，業務の一部を自動化し，従業員がより価値ある業務に集中できる環境が整いつつあります。
- **健康経営の導入**：従業員の健康維持は，顧客へのサービス提供にも良い影響を与えるため，企業にとっても利益となります。例えば，社内での健康診断やストレス管理，メンタルヘルス支援を導入することで，ウェルビーイングの確保が可能です。健康的なメニューの提供や

フィットネスプログラムを整えることで，従業員の健康意識を高める企業も増えています。

4．デジタル変革と未来の外食

デジタルトランスフォーメーション（DX）は，単なるデジタル技術の導入にとどまらず，ビジネスモデルの再構築や顧客体験の革新をもたらします。消費者データを活用した個人ごとのサービス，AIによる需要予測，効率的な在庫管理など，DXを通じたイノベーションが急速に進んでいます。

- **顧客とのデジタル接点**：モバイルアプリやウェブサイトを活用し，顧客のニーズに合わせたサービスを提供することで，満足度が向上します。例えば，アプリでの事前注文やデジタル決済の導入により，顧客はスムーズな体験を享受できます。
- **効率的なサプライチェーン管理**：デジタルツールを活用した在庫管理や需要予測は，無駄な食材ロスを減少させ，コスト削減に寄与します。また，サプライチェーン全体の可視化により，食材のトレーサビリティが向上し，消費者の安全性への信頼が高まります。さらに，リアルタイムデータ分析を活用することで，迅速な意思決定が可能となります。

5．未来に向けた持続可能な戦略

今後の外食業界は，サステナビリティやESGに基づく取り組みをさらに強化することが求められるでしょう。ESGとは，Environment（環境），Social（社会），Governance（ガバナンス）の略で，持続可能な経営を目指すための基準を指します。フードサービス業界では，食品ロス削減やフェアトレードなどの取り組みがこれに該当します。このように社

写真 10 − 1　ゼンショーホールディングスは東ティモールでフェアトレードに取り組む

出所：ゼンショーホールディングス公式サイト
https://www.zensho.co.jp/jp/sustainability/contribution/fairtrade/archives/post_11.html

図表 10 − 1　これからの外食産業

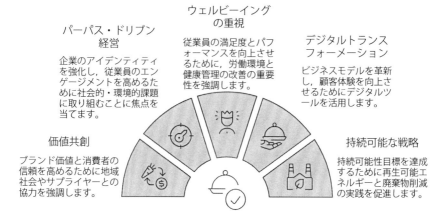

会や環境の要請に応じて，業界全体で以下のような取り組みが重要になります。

- **再生可能エネルギーの活用**：環境への配慮を示すため，店舗運営において再生可能エネルギーを使用する動きが進んでいます。太陽光発電や省エネ型の設備導入が，今後の店舗運営にとって不可欠です。
- **食品ロス削減**：地球規模の課題である食品ロスを削減する取り組み

は，消費者の認識にも強く影響します。食品ロスは，まだ食べられるのに捨てられてしまう食品のことを指し，世界的な課題となっています。この問題を解決するためには，余った食品を必要な人に届ける「フードシェアリング」や「フードバンク」，AIを活用して在庫や仕入れを効率的に管理する仕組みが役立ちます。また，消費者に食品を大切にする意識を持ってもらうための教育や啓発活動も重要です。

6．外食産業の未来に向けた提言

　外食業界は，時代の変化に伴って新たな課題と機会に直面しています。将来の競争力を保ち，社会において不可欠な存在であり続けるためには，次の3つの要素が不可欠です。

- 顧客体験の革新：消費者の価値観は多様化し，外食に対する期待も変化しています。単なる「食事」ではなく，消費者に「価値ある体験」を提供するための創造力が求められます。例えば，顧客のニーズに応じたパーソナライズされたサービスや，特別な食事体験を提供する店舗設計が，競争の差異化要素となるでしょう。外食は，食文化と人々の生活をつなぐ重要な役割を果たしているため，その付加価値をいかに創出するかが重要です。
- 従業員のウェルビーイングと職場環境の向上：業界における人材不足の問題は深刻であり，従業員のウェルビーイングを重視した職場環境の整備が急務です。従業員が長く働きたいと感じる職場環境づくりは，企業にとっても顧客にとってもポジティブな影響を与えるでしょう。適正な労働環境，キャリア開発のサポート，柔軟な勤務形態を導入することで，外食業界全体が持続的に成長できる基盤を整えることが求められます。
- 環境・社会に配慮した持続可能な経営：環境保護や社会貢献を企業の基本戦略に組み込むことは，消費者の信頼を築く重要な要素です。例

えば，再生可能エネルギーの導入や食品ロス削減，環境に配慮した店舗設計といった取り組みは，外食業界における新たな標準となるべきです。企業がどのようにして社会に価値を提供し，地球環境の保護に貢献するかが，消費者からの選択基準となる時代に移行しているため，持続可能な経営の実践は不可欠です。

　これからの外食業界は，急速な変革に直面しています。価値共創，パーパス・ドリブン経営，ウェルビーイング，デジタル変革，持続可能な戦略を軸に，業界全体が新たな方向性を模索していく必要があります。消費者の期待に応えるだけでなく，社会や環境への配慮を怠らない経営姿勢が求められています。企業が持続可能な価値を創造することで，長期的な成長を実現し，外食業界全体が活性化していくことが期待されます。

　課題解決のためには，消費者のニーズを正確に把握し，ステークホルダーとの関係を強化し，変化を恐れずに新たな挑戦を続けることが肝要です。これにより，外食業界は持続的な成長を遂げ，社会における重要な役割を果たし続けることができるでしょう。

【本章のまとめ】

　第10章では，外食業界の未来を展望し，変化する社会の中で求められる新しい時代の要請やサービスの方向性を探りました。少子高齢化，人口減少，環境問題，デジタル化といった課題に対して，外食業界はどう対応すべきかを考察しました。

　まず，消費者ニーズの多様化が進む中で，ヘルシー志向やサステナブルな食材への関心が高まっています。これは外食企業に新たなビジネスチャンスを提供します。オーガニック食品や地産地消を重視したメニュー開発が求められ，持続可能性を意識したビジネスモデルが注目されています。

次に，デジタルトランスフォーメーション（DX）の進展が業界に与える影響について触れ，オンライン予約やモバイルオーダー，デリバリーサービスの普及によって消費者の利便性が向上しています。企業はデジタルツールを活用し，顧客体験を向上させる必要があります。また，データ分析を通じて顧客の嗜好を把握し，パーソナライズされたサービスの提供が可能になります。

さらに，外食業界の労働環境改善も重要です。人手不足の解消には，働き方改革やテクノロジー導入が不可欠で，ロボット化やAIの活用による業務効率化が期待されています。

―――――――{ ホームワーク }―――――――

1. 外食産業の未来を予測し，自分が期待する変化や取り組みについて400～500字でまとめる。
   - 外食産業の未来について自分なりに予測し，期待する変化や取り組みを考えます。
   - それを400～500字でまとめます。

2. 最新技術（例：AI, IoT）が外食産業にどのような変革をもたらしているか，事例を調べて考察する。
   - 最新技術が外食産業に与えている変革について調査し，具体的な事例を挙げて考察します。
   - 調査結果をレポートにまとめます。

3. 未来の外食産業における消費者のニーズを予測し，それに応えるための戦略を考える。
   - 未来の外食産業における消費者のニーズを予測し，それに応えるための戦略を考えます。
   - 戦略をレポートにまとめます。

外食のトレンド

年	外食キーワード	説明
2024	M&A活況	大手外食企業や投資ファンドによるM&Aが活発化。
	インバウンド価格	外国人客向けに高価な値付けが目立ち、「インバウン丼」が流行語に。
	カルビ丼業態	カルビ丼とスンドゥブを看板商品にした業態が広がる。
	日本フードサービス協会（JF）50周年	日本フードサービス協会が50周年を迎える。
	カスハラ対策	外食業界でカスタマーハラスメント対策が強化。
2023	5類移行	コロナ感染症が5類に移行し、外食需要が回復。
	エッグショック	鳥インフルエンザの影響で卵の品薄と価格高騰。
	Z世代	Z世代向けの新業態が注目。
	4ケタラーメン	1000円以上のラーメンが人気。
	再開発ラッシュ	都心部で再開発による新施設が続々誕生。
	もんじゃ	もんじゃが若者に再評価される。
2022	円安・コスト高	円安とウクライナ情勢で原材料費が高騰。
	値上げラッシュ	コスト増に伴う値上げが加速。
	インバウンド再開	外国人観光客の需要が再開。
	韓国業態	若年層に韓国系業態が人気。
	冷食グルメ	冷凍技術の進化で家庭で外食の味が楽しめる。
2021	酒類提供禁止	緊急事態宣言により酒類提供が自粛され、影響大。
	DX	店舗運営を効率化するデジタル導入が進む。
	ミートショック	牛肉など食肉価格の急騰。
	チキンバーガー	チキンバーガー専門店が人気に。
	フルーツサンド	彩り豊かなフルーツサンドがSNSで流行。
	映えグラス	SNS映えするロゴ入りグラスが流行。
2020	コロナ禍	新型コロナウイルス感染拡大で外食業界が打撃。
	テイクアウト・デリバリー	非接触型の飲食需要が増加し、広く普及。
	GoToイート	飲食店支援策が導入され、外食が活性化。
	唐揚げバブル	唐揚げ専門店が急増。
	フェイクミート	植物由来の代替肉が注目される。

※ミートショックとは、肉などの食肉価格が急激に上昇する現象を指します。これは、供給不足や輸入制限、気候変動などが原因で発生し、外食産業においても大きな影響を与えます。価格の上昇により、メニューの価格設定や原材料の調達に課題が生じます。

外食産業記者会（業界誌・紙の組織）は，毎年，その年に活躍した業界人を表彰する「外食アワード」に合わせて，「外食キーワード」を5つ選定しています。2023年は，新型コロナウイルス感染症が5類に移行し，外食需要が回復傾向を見せたことが大きなトレンドとなりました。エッグショックや物価高騰といった課題が業界を直撃する中で，各社がメニューの工夫や価格改定を重ね，Z世代をターゲットにした新業態が注目を集めるなど，活発な動きが見られました。また，「1,000円以上のラーメン」や都心部の再開発ラッシュが外食市場に新たな魅力をもたらし，もんじゃ焼きの再評価といった伝統的な業態への新しい価値付加も進んでいます。これらの動向は，消費者の多様化するニーズに対応する業界の努力を象徴しており，外食産業全体に活力をもたらしました。

　そして2024年，こうした回復の流れを受けつつ，さらなる変化と挑戦が見られる年となりました。外食産業記者会が選定した2024年の「外食キーワード」は以下の5つです。

M&A活況
　大手外食企業や中堅企業の吸収合併が増加。例えば，三菱商事が日本KFCホールディングスを米投資ファンドに売却したほか，すかいらーくホールディングスが「資さんうどん」を買収するなど，企業間の動きが活発です。

インバウンド価格
　アフターコロナでインバウンド需要が復活。訪日外国人観光客向けの高価格帯メニューが注目され，「インバウン丼」（高額な海鮮丼を指す造語）が流行しました。

カルビ丼業態
　焼いた牛肉を乗せた「カルビ丼」と韓国料理「スンドゥブ」をメインとする業態が全国に広がりました。やる気グループ「韓丼」や物語コーポレーション「焼きたてのカルビ」，吉野家「かるびのとりこ」などが代表例です。

日本フードサービス協会（JF）50 周年

　1974 年設立の日本フードサービス協会が 50 周年を迎え，外食産業の発展や食文化継承への貢献が再評価されています。

カスタマーハラスメント対策（カスハラ対策）

　従業員を守るため，理不尽なクレームへの対策を強化する企業が増加。2025 年 4 月には東京都でカスハラ防止条例が施行予定です。

　パンデミックや円安，物価高騰といった外的要因に揺れ動いた外食業界ですが，テイクアウトやデジタル技術（DX）の普及が効率化と顧客サービス向上の切り札として機能し，新たな消費層をターゲットにした業態や商品開発も積極化しています。今後も，これらのトレンドは業界のさらなる発展を支える重要な要素となるでしょう。

おわりに

　フードサービスの歴史は，日本の社会の変化と密接に関連しています。1970年の「外食元年」を起点に，高度経済成長やバブル経済を経て，外食は日常生活に欠かせない文化へと発展してきました。近年では，新型コロナウイルスの影響やデジタル化，サステナビリティの重要性が高まる中で，フードサービス産業は新たな課題とビジネスチャンスに直面しています。

　今後もフードサービス産業は，消費者のニーズに応じた多様な業態を展開し，進化し続けることが求められています。それぞれの企業は今後も変化を続けると考えられます。デジタル化の進展により，AIやロボット技術の導入が進み，運営コストの削減や効率化が期待されます。

　そして，変化の激しい市場環境の中で，食トレンドを適切に取り入れると同時に，サステナブルな価値を創出することが求められています。生活者の健康志向や環境意識も高まっており，オーガニック食材やサステナブルなメニューが標準的な選択肢となる可能性があります。地元の農産物を使ったメニューやエコ包装の導入なども必然でしょう。特にSDGs（持続可能な開発目標）やESGに基づく取り組みは，企業の信頼性を高め，生活者との関係を強化する重要な要素となります。

　2030年に向けた外食産業の展望は，ますます複雑で多様化した消費者ニーズに応えることが必要です。外食は単なる食の提供から，より豊かな体験の場へと変化していくことでしょう。企業は，時代のニーズに応じた革新を続けることで，日本の外食文化を豊かにし続ける責任があります。持続可能な外食文化の確立に向け，業界全体が協力し，前進し

ていくことも期待されます。

2025年3月

　　　　　　　　　　　　　　　　　　　　　　　　　白鳥和生

索　引

A–Z

ABC 分析 …………………………… 110
ESG …………………………… 192, 201
FL コスト ……………………………… 33
HACCP ………………………………… 22
IoT ……………………………………… 21
QSC ……………………………………… 36
SDGs ………………………………… 201

ア

アレルギー対応食 …………………… 81
居酒屋 ………………………………… 11
イミ消費 ……………………………… 82
インスタ映え ………………………… 39
インテリアデザイン ………………… 41
インバウンド ………………………… 4
ヴィーガン ……………………… 50, 81
ウェルビーイング ………… 191, 194
売上高営業利益率 …………………… 31
売れ筋 ………………………………… 110
エシカル消費 ………………………… 14
エスニック料理 …………………… 124
オーガニック ………………………… 3
オペレーション ……………………… 45
オンライン予約 …………………… 105

カ

外国人材 …………………………… 137
外食元年 …………………………… 120
回転寿司 ……………………………… 72
回転率 …………………………… 31, 35
価格設定 ……………………………… 92

（右段）

賢い縮小 …………………………… 149
企業経営（チェーン経営） ………… 30
キッチンカー ……………………… 126
技能実習制度（育成就労制度） … 137
客数 …………………………………… 31
キャッシュフロー …………………… 94
キャリアパス ……………………… 148
業態 …………………………………… 42
口コミ ………………………………… 49
クラウドファンディング …………… 95
健康志向 ……………………………… 88
原材料費（フードコスト） ………… 33
顧客体験 …………………… 104, 141
顧客単価 ……………………………… 31
顧客満足（CS） …………………… 18
────度（CS） …………… 104
ゴーストキッチン …………………… 35
コストパフォーマンス ……………… 14
ゴーストレストラン ……………… 126
固定費 ………………………………… 94
個店経営 ……………………………… 30
コト消費 ……………………………… 82
コンセプト …………………………… 92

サ

在庫管理システム ………………… 141
再生可能エネルギー ……………… 193
最低発注量（MOQ） …………… 102
サステナビリティ ………… 83, 127
サードプレイス …………………… 106
サービス（Service） ……………… 36
サブスクリプション（定額制）モデル
　 ……………………………………… 143

サプライチェーン………… 2, 19, 164, 192
　──マネジメント…………… 21
参入障壁…………………………… 65
自己資金…………………………… 94
市場調査…………………………… 92
死に筋…………………………… 110
収支計画…………………………… 92
需要予測システム………………… 51
少子高齢化……………………… 132
初期投資額………………………… 95
食の外部化……………………… 170
　──比率…………………… 16
食の多様性（フード・ダイバーシティ）
　………………………………… 81
食の流行（トレンド）…………… 80
食品衛生責任者…………………… 93
食品ロス…………………… 20, 193
新型コロナウイルス……………… 4
人件費（レイバーコスト）……… 33
人工知能（AI）…………………… 13
寿司チェーン……………………… 11
ステークホルダー……………… 192
スーパーバイザー………………… 52
スマートロジスティクス………… 21
清潔さ（Cleanliness）…………… 36
接客サービス……………………… 37
セットメニュー…………………… 99
セルフオーダーシステム…… 13, 51
セルフサービス…………… 43, 69
セルフレジ………………………… 3
ゼロウェイスト（食品廃棄物ゼロ）… 191
セントラルキッチン………… 66, 71
惣菜……………………………… 170
ソーシャルディスタンス…… 41, 125
損益分岐点………………………… 94

タ

タイムパフォーマンス……… 14, 177
単身世帯………………………… 173
地産地消………………… 127, 192

中間（所得者）層……………… 133
厨房（キッチン）………………… 45
調理スタッフ……………………… 34
直営店……………………………… 53
テイクアウト……………………… 3
定番メニュー…………………… 146
デジタル決済……………………… 51
デジタルトランスフォーメーション（DX）
　………………………… 23, 141, 192
デジタルマーケティング…… 52, 143
デリバリーサービス………… 3, 105
店舗デザイン………………… 96, 97
店舗レイアウト…………………… 40
トキ消費…………………………… 82
特定技能制度…………………… 137
共働き世帯………………… 172, 173
トレーサビリティ…………… 21, 192

ナ

内食……………………………… 14
中食………………………… 14, 170
　──市場………………… 124
日本惣菜協会…………………… 172
日本フードサービス協会………… 12
ノマドワーカー…………………… 44

ハ

配膳ロボット……………………… 35
パートタイムスタッフ…………… 34
パーパス・ドリブン経営……… 192
バリューチェーン…………… 16, 71
ピークタイム……………………… 45
ビジネスモデル………… 88, 164, 192
人手不足………………………… 136
品質（Quality）………………… 36
ファストフード…………………… 11
ファミリーレストラン…………… 11
フェアトレード…………………… 14
物件選び………………………… 96
フードコート……………… 127, 159

フードシェアリング	194
フードバンク	194
フュージョン料理	156
プライベートブランド（PB）	174
フランチャイズシステム	31
フランチャイズ（FC）方式	53
ブランド	165
──アイデンティティ	165
──価値	18
プラントベースフード	157
フルサービス	67, 69
フレックスタイム制度	137
プレップ	45
ブロックチェーン	21
平均客席回転率	35
変動費	94
ホスピタリティ	38
ホームミールリプレースメント	170
ホールスタッフ	34

マ

マーケティング	48
ミールソリューション	170
メニュー開発	16, 39
メニュー構成	38, 39
メニュー表	100
モチベーション	53, 148
モノ消費	82
モバイルアプリ	13
モバイルオーダー	3

ヤ

ユネスコの無形文化遺産	156

ラ

ライフサイクル	146
ライフスタイル	3
ランニングコスト	95
リピート率	38
ロイヤルティ（経営指導料）	55
──プログラム	19, 108

ワ

和食	156
──ブーム	13

《著者紹介》

白鳥和生（しろとり・かずお）

 1967 年 長野県生まれ
 1990 年 明治学院大学国際学部卒業後に，日本経済新聞社入社
 流通・小売り，外食，食品メーカーなどを長く取材し，『日本経済新聞』，『日経 MJ』のデスクを歴任
 2003 年 消費生活アドバイザー
 2015 年 國學院大学経済学部非常勤講師
 2017 年 日本フードサービス学会理事
 2020 年 博士（総合社会文化）
 2021 年 日本大学大学院総合社会情報研究科非常勤講師
 2024 年 日本経済新聞社退社，4 月から流通科学大学商学部経営学科教授

主要著書

『即！ビジネスで使える新聞記者式伝わる文章術』（CCC メディアハウス），『不況に強いビジネスは北海道の「小売」に学べ』（プレジデント社），『グミがわかればヒットの法則がわかる』（プレジデント社），『ようこそ小売業の世界へ』（商業界，共著），『2050 年 超高齢社会のコミュニティ構想』（岩波書店，共著），『現代フードサービス論』（創成社，共著）など

（検印省略）

2025 年 3 月 31 日　初版発行   略称―フードサービス

フードサービスの世界を知る

著　者　白鳥和生
発行者　塚田尚寛

発行所　東京都文京区
　　　　春日 2-13-1　　株式会社　創　成　社

電　話　03（3868）3867　　FAX 03（5802）6802
出版部　03（3868）3857　　FAX 03（5802）6801
http://www.books-sosei.com　振　替　00150-9-191261

定価はカバーに表示してあります。

©2025 Kazuo Shirotori　　組版：ワードトップ　印刷：モリモト印刷
ISBN978-4-7944-2638-3　C3034　製本：モリモト印刷
Printed in Japan　　　　　　落丁・乱丁本はお取り替えいたします。

経営・マーケティング

フードサービスの世界を知る	白鳥 和生	著	2,500 円
現代フードサービス論	日本フードサービス学会	編	2,300 円
流通と小売経営	坪井 晋也 河田 賢一	編著	2,600 円
消費者行動とマーケティング・リサーチ	遠藤 雄一	著	1,800 円
心理学から解き明かす消費者行動論	中川 宏道 津村 将章 松田 憲	編著	3,400 円
ホスピタリティ・マーケティング	佐々木 茂 德江 順一郎 羽田 利久	編著	2,700 円
働く人の専門性と専門性意識 ―組織の専門性マネジメントの観点から―	山本 寛	著	3,500 円
地域を支え,地域を守る責任経営 ―CSR・SDGs時代の中小企業経営と事業承継―	矢口 義教	著	3,300 円
コスト激増時代必須のマネジメント手法 「物流コストの算定・管理」のすべて	久保田 精一 浜崎 章洋 上村 聖	著	2,500 円
ビジネスヒストリーと市場戦略	澤田 貴之	著	2,600 円
イチから学ぶ企業研究 ― 大学生の企業分析入門 ―	小野 正人	著	2,300 円
イチから学ぶビジネス ―高校生・大学生の経営学入門―	小野 正人	著	1,700 円
ゼロからスタート ファイナンス入門	西垣 鳴人	著	2,700 円
すらすら読めて奥までわかる コーポレート・ファイナンス	内田 交謹	著	2,600 円
新・図解コーポレート・ファイナンス	森 直哉	著	2,700 円
ビジネス入門 ― 新社会人のための経営学 ―	那須 一貴	著	2,300 円
eビジネス・DXの教科書 ―デジタル経営の今を学ぶ―	幡鎌 博	著	2,400 円

(本体価格)

創 成 社